# BIBLIOTHÈQUE

## DES

# ÉCOLES CHRÉTIENNES

APPROUVÉE

PAR S. ÉM. Mgr LE CARDINAL ARCHEVÊQUE DE PARIS

—

## 2e SÉRIE

Les villes de Pompéia et d'Herculanum détruites
par une éruption du Vésuve.

# LES
# CATASTROPHES
## CÉLÈBRES

PAR M. DE CHAVANNES

—

QUATRIÈME ÉDITION

TOURS

Aᴰ MAME ET Cⁱᴱ, IMPRIMEURS-LIBRAIRES

—

1861

# CATASTROPHES
## CÉLÈBRES

---

### RUINES DE POMPÉIA, D'HERCULANUM,

#### ET DE PLUSIEURS VILLES ENVIRONNANTES

#### (79)

Les seuls détails circonstanciés qui nous restent sur l'éruption du Vésuve qui détruisit Pompéia, Herculanum et sept autres villes ou bourgades de la Campanie (Stabie, Oplonte, Resina, Tegianum, Taurania, Cose et Vésères), se trouvent consignés dans deux lettres que Pline le Jeune écrivit à son ami Tacite. Il raconte dans la première la mort de son oncle, et dans la seconde l'affreux péril auquel il échappa lui-même avec sa mère.

Nous commencerons donc par transcrire ces deux lettres, précieuse relation d'un témoin oculaire ; puis nous essaierons, en nous appuyant sur les savantes observations de M. Dufrenoy, de suppléer à ce que le récit de Pline laisse d'obscur ou d'incomplet.

Voici les deux lettres de Pline. Nous n'en avons retranché que quelques passages sans importance.

« ... Mon oncle était à Misène, où il commandait la flotte : le vingt-troisième jour du mois d'août, vers une heure de l'après-midi, ma mère l'avertit qu'il paraissait un nuage d'une grandeur et d'une figure extraordinaire.... Il se lève et monte en un lieu d'où il pouvait aisément observer ce prodige. Il était difficile de discerner de loin de quelle montagne ce nuage sortait. L'événement a découvert depuis que c'était du mont Vésuve. Sa figure approchait de celle d'un arbre, et d'un pin plus que d'aucun autre ; car, après s'être élevé fort haut en forme de tronc, il s'épanouissait comme une masse de feuilles et de branchages. Je m'imagine qu'une force souterraine le poussait d'abord avec impétuosité, puis le soutenait dans les airs. Mais, soit que l'impulsion diminuât peu à peu, soit plutôt que ce nuage s'affaissât

par son propre poids, on le voyait se dilater et
se répandre au loin. Il paraissait tantôt blanc,
tantôt noirâtre, selon qu'il était plus ou moins
chargé de cendres et de matières terreuses. Ce
prodige surprit mon oncle, qui était très-
savant, et qui le crut digne d'être examiné de
plus près. Il ordonne qu'on lui prépare son embarcation et me laisse la liberté de le suivre.
Je lui répondis que j'aimais mieux étudier : il
m'avait justement donné quelque chose à écrire.
Il sortait de chez lui, ses tablettes à la main,
lorsque les troupes de la flotte qui étaient à
Rétines, effrayées par la grandeur du danger,
vinrent le conjurer de vouloir bien les garantir
d'un si affreux péril en leur permettant de s'embarquer. Il ne changea pas de dessein, et poursuivit avec un courage héroïque ce qu'il n'avait
d'abord entrepris que par curiosité. Il fait venir
les galères, s'y embarque lui-même, et part
dans le dessein de voir quel secours on pourrait donner, non-seulement à Rétines, où les
troupes étaient casernées, mais aux autres
bourgs de la côte, qui sont en grand nombre,
à cause de sa beauté. Il se presse d'arriver au
lieu d'où tout le monde fuit et où le péril pa-

raissait le plus grand ; mais avec une telle liberté d'esprit, qu'à mesure qu'il apercevait quelque mouvement ou quelque figure extraordinaire dans le prodige, il faisait ses observations et dictait des notes. Déjà sur son vaisseau volait de la cendre plus épaisse et plus chaude à mesure qu'il avançait ; déjà tombaient autour de lui des pierres calcinées, des cailloux tout noirs, tout brûlés ; déjà la mer semblait refluer et le rivage devenir inaccessible par des morceaux entiers de montagnes dont il était couvert, lorsqu'après s'être arrêté quelques moments, incertain s'il retournerait, il dit à son pilote, qui lui conseillait de gagner la haute mer : « La fortune favorise le courage : tournez du côté de Pomponianus. » Pomponianus était à Stabie, en un endroit séparé par un petit golfe que forme insensiblement la mer sur ces rivages qui se courbent. Là, à la vue du péril qui semblait encore éloigné, mais qui se rapprochait toujours, il avait retiré tous ses meubles dans ses vaisseaux, et n'attendait pour s'éloigner qu'un vent moins contraire. Mon oncle, à qui ce même vent avait été très-favorable, l'aborde, le trouve tout tremblant, le rassure, l'encou-

rage, et, pour dissiper par sa sécurité la crainte
de son ami, il se fait porter au bain. Après
s'être baigné il se met à table et soupe avec
toute sa gaieté, ou, ce qui n'est pas moins
grand, avec toutes les apparences de sa gaieté
ordinaire. Cependant on voyait luire de plusieurs endroits du mont Vésuve de grandes
flammes et des embrasements dont les ténèbres
de la nuit augmentaient l'éclat. Mon oncle,
pour rassurer ceux qui l'accompagnaient, leur
dit que ce qu'ils voyaient brûler c'étaient des
villages que les paysans alarmés avaient aban-
donnés, et qui étaient demeurés sans secours.
Ensuite il se coucha, et dormit d'un profond
sommeil... Mais enfin la cour par où l'on entrait dans son appartement commençait à se
remplir tellement de cendres, que, pour peu
qu'il fût resté plus longtemps, il ne lui eût
plus été libre de sortir. On l'éveille, il sort, et
va rejoindre Pomponianus et les autres qui
avaient veillé. Ils tiennent conseil, et délibèrent
s'ils resteront dans la maison ou s'ils tiendront
la campagne; car les maisons étaient si fortement ébranlées par les fréquents tremblements
de terre, qu'on aurait dit qu'elles étaient arra-

chées de leurs fondements et jetées tantôt d'un
côté, tantôt d'un autre, puis remises à leur
place. En campagne, la chute des pierres,
quoique légères et desséchées par le feu, était
à craindre. Entre ces deux périls on choisit la
rase campagne ; ils sortent donc et se couvrent
la tète d'oreillers attachés avec des mouchoirs.
Ce furent les seules précautions qu'ils prirent
contre ce qui tombait d'en haut. Le jour re-
commençait ailleurs ;, mais dans le lieu où ils
étaient continuait une nuit la plus sombre et la
plus affreuse de toutes les nuits, et qui n'était
un peu dissipée que par les lueurs d'un grand
nombre de flambeaux. On trouva bon de se rap-
procher du rivage, afin d'examiner de près ce
que la mer permettrait de tenter ; mais on la
trouva encore fort grosse et fort agitée d'un
vent du large. Là mon oncle, ayant bu deux
fois, se coucha sur un drap qu'il fit étendre.
Ensuite des flammes qui parurent plus grandes
et une odeur de soufre qui annonçait leur approche mirent tout le monde en fuite. Il se lève
appuyé sur deux esclaves, et au même moment
il tombe mort. Je suppose que la fumée le suf-
foqua d'autant plus vite, qu'il avait la poitrine

faible et la respiration très-embarrassée...Trois jours après on retrouva son corps, entier au même endroit où il était tombé, couvert de la même robe et dans la posture d'un homme qui sommeille...

« J'étais de mon côté resté à Misène. Dès que mon oncle fut parti, je continuai la lecture qui m'avait empêché de le suivre... Depuis plusieurs jours un tremblement de terre s'était fait sentir; mais cela nous avait d'autant moins effrayés, que les bourgades et les villes de la Campanie y sont très-sujettes : toutefois il redoubla pendant cette nuit (celle du départ de Pline l'Ancien) avec tant de violence qu'on eût dit que tout était non pas agité, mais bouleversé. Ma mère entra brusquement dans ma chambre, et me trouva me levant, dans le dessein de l'éveiller si elle eût été endormie. Nous nous asseyons dans la cour, qui ne sépare notre habitation d'avec la mer que par un fort petit espace. Comme je n'avais que dix-huit ans, je ne sais si je dois appeler fermeté ou imprudence ce que je fis : je demandai Tite-Live, je me mis à lire, et je continuai à faire des extraits comme je l'aurais pu faire dans le

plus grand calme. Un ami de mon oncle sur-
vint; il était nouvellement arrivé d'Espagne
pour le voir : dès qu'il nous aperçoit ma mère
et moi assis, moi un livre à la main, il nous
reproche, à moi ma confiance, à elle sa tran-
quillité... Il était déjà sept heures du matin,
et il ne paraissait encore qu'une lumière faible
comme une espèce de crépuscule. Alors les bâtiments furent ébranlés avec de si fortes secousses, qu'il n'y eut plus de sûreté à demeurer
dans un lieu à la vérité découvert, mais fort
étroit. Nous prenons le parti de quitter la ville;
le peuple épouvanté nous suit en foule, nous
presse, nous pousse ; et, ce qui dans la frayeur
tient lieu de prudence, chacun ne croit rien de
plus sûr que ce qu'il voit faire aux autres. Après
que nous fûmes sortis de la ville, nous nous
arrêtons ; et là nouveaux prodiges, nouvelles
frayeurs. Les voitures que nous avions emme-
nées avec nous étaient à tout moment si agitées,
quoiqu'en pleine campagne, qu'on ne pouvait,
même en les calant avec de grosses pierres, les
maintenir en place. La mer semblait se renverser sur elle-même, et paraissait comme chassée
du rivage par l'ébranlement de la terre. Le

rivage, en effet, était devenu plus spacieux et se trouvait rempli de différents poissons demeurés à sec sur le sable.

« A l'opposite, une nue noire et horrible, crevée par les feux qui s'élançaient en serpentant, s'ouvrait et laissait échapper de longs sillons de feu semblables à des éclairs, mais qui étaient beaucoup plus grands. Alors l'ami dont je viens de parler revint une seconde fois et plus vivement à la charge : « Si votre frère, si votre oncle est vivant, nous dit-il, il veut sans doute que vous vous sauviez, et, s'il a péri, il a voulu que vous lui surviviez. Qu'attendez-vous donc? Pourquoi ne vous sauvez - vous pas ! » Nous lui répondîmes que nous ne pouvions songer à notre sûreté pendant que nous étions incertains du sort de notre oncle. L'Espagnol part sans tarder davantage, et cherche son salut dans une fuite précipitée. Presque aussitôt la nue tombe à terre et couvre les mers; elle dérobait à nos yeux l'île de Caprée, qu'elle enveloppait; et nous cachait le promontoire de Misène. Ma mère me conjure, me presse, m'ordonne de me sauver, de quelque manière que ce soit; elle me représente que cela m'est

facile à mon âge, et que pour elle, chargée
d'années et d'embonpoint, elle ne le pouvait
faire; qu'elle mourrait contente si elle n'é-
tait pas cause de ma mort. Je lui déclare qu'il
n'y avait de salut pour moi qu'avec elle; je lui
prends la main et la force de m'accompagner.
Elle le fait péniblement, et se reproche de me
retarder. La cendre commençait à tomber sur
nous, quoiqu'en petite quantité. Je tourne la
tête, et j'aperçois derrière nous une épaisse
fumée qui nous suivait en se répandant sur la
terre comme un torrent. « Pendant que nous
voyons encore, quittons le grand chemin, dis-
je à ma mère, de peur qu'en le suivant la foule
de ceux qui marchent sur nos pas ne nous
étouffe dans les ténèbres. » A peine étions-nous
écartés que l'obscurité augmenta de telle sorte,
qu'on eût cru être, non pas dans une nuit noire
et sans lune, mais dans une chambre où toutes
les lumières eussent été éteintes. Vous n'eussiez
entendu que plaintes de femmes, que gémissements d'enfants, que cris d'hommes. L'un
appelait son père, l'autre son fils; l'autre sa
femme; ils ne se reconnaissaient qu'à la voix.
Celui-là déplorait son propre malheur, celui-ci

le sort de ses proches. Il s'en trouvait à qui la crainte de la mort faisait invoquer la mort elle-même. Plusieurs imploraient le secours des dieux, plusieurs croyaient qu'il n'y en avait plus, et s'imaginaient que cette nuit était la dernière, l'éternelle nuit dans laquelle le monde devait être enseveli. Il ne manquait pas même de gens qui augmentaient la crainte raisonnable et juste par des terreurs imaginaires. Ils disaient qu'à Misène ceci était tombé, que cela brûlait; et la frayeur donnait du poids à leurs mensonges. Il parut une lueur qui nous annonçait non le retour du jour, mais l'approche du feu qui nous menaçait. Il s'arrêta pourtant loin de nous. L'obscurité revient, et la pluie de cendres recommence plus forte et plus épaisse. Nous étions réduits à nous lever de temps en temps pour secouer nos habits : sans cela les cendres nous eussent accablés. Je pourrais me vanter qu'au milieu de si affreux dangers il ne m'échappa ni plaintes ni aucun signe de faiblesse ; mais j'étais soutenu par cette consolation peu raisonnable, quoique naturelle à l'homme, de croire que tout l'univers périssait avec moi. Enfin cette épaisse et noire vapeur se

dissipa tout à fait comme une fumée ou comme
un nuage. Bientôt après parut le jour et le soleil
même, jaunâtre pourtant et tel qu'il a coutume
de luire dans une éclipse. Tout se montrait
changé à nos yeux troublés encore, et nous ne
trouvions rien qui ne fût caché sous des monceaux de cendres comme sous de la neige. On
retourne à Misène : chacun s'y rétablit de son
mieux, et nous y passons une nuit entre la
crainte et l'espérance; mais la crainte eut la
meilleure part, car le tremblement de terre
continuait. On ne voyait que gens effrayés en-
tretenir leurs craintes et celles des autres par de
sinistres prédictions. Il ne nous vint pourtant
aucune pensée de nous retirer jusqu'à ce que
nous eussions eu des nouvelles de mon oncle,
quoique nous fussions encore dans l'attente d'un
péril si effroyable et que nous avions vu de si
près... (1) »

Il résulte de ce récit, où les préoccupations
vaniteuses de l'auteur latin percent à chaque
ligne, soit dit en passant, que l'éruption du Vésuve dura trois jours, pendant lesquels le volcan
ne cessa pas de lancer une telle quantité de

(1) Traduction de M. de Sacy.

cendres, que la campagne en était couverte; et
cependant Pline ne parle évidemment que des
environs de Misène, qui ne subit pas le triste
sort des villes englouties. Ces villes, en partie
renversées par la violence des tremblements de
terre qui ne discontinuèrent pas de se faire
sentir d'une manière effroyable, « puisqu'il
fallait en rase campagne caler les chariots avec
de grosses pierres pour les empêcher de rouler; » ces villes, disons-nous, disparurent pendant ces trois jours, ou plutôt pendant ces six
nuits consécutives, sous une couche de cendres
et de débris de toute espèce. Les premiers qui
vinrent visiter la place où elles se trouvaient
pour connaître le sort de leurs parents, de
leurs amis, durent éprouver une stupeur impossible à décrire, en n'apercevant plus qu'une
immense plaine de cendres, où se dressaient çà
et là les quartiers de montagnes dont parle
Pline, et dont quelques-uns, en roulant jusque
dans la mer, avaient sur certains points agrandi
le rivage.

Jusqu'à ces derniers temps on a cru que
l'enfouissement de Pompéia, d'Herculanum et
des autres cités qui partagèrent leur sort, était

uniquement dû à l'énorme quantité de cendre vomie par le Vésuve, et dont une partie, emportée par le vent, parvint jusqu'en Égypte et en Syrie.

Un examen plus attentif des lieux a prouvé à M. Dufrenoy que les pluies de cendre qui ont évidemment causé la mort des habitants, n'ont eu qu'une faible part à la complète disparition des villes. « Si ces villes, dit M. Dufrenoy, avaient été recouvertes entièrement par les cendres, il se serait passé un phénomène du même ordre que l'envahissement des terres par le sable des dunes... Dans les dunes, le sable s'élève graduellement autour des édifices, sans s'introduire dans leur intérieur, et les toits sont recouverts depuis longtemps, qu'on peut encore, au moyen de tranchées, pénétrer dans les différentes parties des maisons. A Pompéia, au contraire, tous les vides sont complétement remplis, même les caves les plus profondes et dont les voûtes sont intactes. Ce comblement est tellement parfait, que le tuf représente partout l'empreinte exacte des objets qu'il enveloppe, circonstance qui ne peut s'accorder avec une simple pluie de cendres. »

La nature de la couche sous laquelle est ensevelie Pompéia vient donner un nouveau poids aux considérations qui précèdent. Ainsi la masse des débris qui forme cette couche se compose presque exclusivement de matières qui ne peuvent être sorties de la bouche du volcan. De plus, ces matières, par leur disposition, paraissent avoir été déposées par un courant d'eau.

De tout ceci on peut conclure avec beaucoup de raison que la pluie de cendres a commencé l'enfouissement de Pompéia, asphyxié et mis en fuite ses habitants; mais que, l'ébranlement causé par la violence incalculable de l'éruption ayant fait écrouler les contre-forts supérieurs du Vésuve qui entouraient son cratère, ce sont les débris de ces contre-forts, roulant et bondissant du haut de la montagne, en même temps que des torrents d'eau et de boue, qui ont enseveli sous leur masse Pompéia et les villes qui partagèrent son sort.

Pendant une longue série de siècles, Pompéia resta pour ainsi dire ignorée. Ceux de ses habitants qui avaient survécu au désastre revinrent bien pratiquer des fouilles pour essayer de pénétrer dans leurs demeures, afin d'en arracher ce qu'ils y avaient laissé de plus précieux : dans la suite, des paysans cupides, mus uniquement par l'espoir de trouver des trésors, creusèrent des puits, et, brisant les toits qu'ils rencontrèrent à une légère profondeur, dévastèrent quelques habitations. Mais toutes ces tentatives isolées n'eurent au fond d'autre résultat que de faire disparaître à jamais des richesses scientifiques du plus haut intérêt.

Ce ne fut qu'en 1748 que le roi Charles III ordonna que l'on fît des fouilles et que l'on déblayât avec méthode et précaution la ville de Pompéia. Ce travail, entrepris depuis cent ans environ, se continue encore, et déjà vingt-quatre rues (le cinquième environ de la cité), revoient la lumière après dix-huit siècles d'enfouissement.

A mesure que l'on met une maison à jour on en enlève les meubles, les statues, que l'on transporte aujourd'hui au musée Bourbon, à Naples. L'enlèvement de tous ces objets a fourni à Chateaubriand le sujet d'une belle page et de réflexions d'une grande justesse.

« En parcourant cette cité des morts, dit-il, une idée me poursuivait. A mesure que l'on déchausse quelque édifice à Pompéia, on enlève ce que donne la fouille. Ustensiles de ménage, instruments de divers métiers, meubles, statues, manuscrits, on entasse tout dans le musée. Il y aurait, selon moi, quelque chose de mieux à faire : ce serait de laisser les choses dans l'endroit où on les trouve, et comme on les trouve; de remettre des toits, des plafonds, des planchers, des fenêtres, pour empêcher la dégradation des peintures et des murs; de clore les portes, enfin d'y établir une garde de soldats avec quelques savants versés dans les arts. Ne serait-ce pas le plus merveilleux musée de la terre? Une ville romaine tout entière, conservée comme si ses habitants venaient d'en sortir un quart d'heure auparavant! On apprendrait mieux l'histoire domestique des Romains, l'état de la civilisation romaine dans quelques promenades à Pompéia restaurée, que par la lecture de tous les ouvrages de l'antiquité.

« Ce qu'on fait aujourd'hui me semble funeste. Ravies à leurs places naturelles, les curio-

sités les plus rares s'ensevelissent dans des
cabinets où elles ne sont plus en rapport avec
les objets environnants : d'autre part, les édifices découverts à Pompéia tomberont bientôt ;
les cendres qui les ont engloutis les ont con-
servés, et ils périront à l'air si on ne les entre-
tient, si on ne les répare. »

# INCENDIE DE LA VILLE DE LONDRES

## (1666)

De tous les incendies qui ravagèrent les grandes cités, aucun ne peut être comparé, sous le rapport du nombre des édifices qu'il dévora et des immenses valeurs qu'il anéantit, à l'incendie qui éclata dans la capitale de l'Angleterre le 3 septembre 1666, un peu avant minuit.

Le feu prit dans la boutique d'un boulanger, et, favorisé par un vent d'est qui soufflait avec violence, il gagna les maisons voisines avec une rapidité effroyable. Une circonstance diversement interprétée, mais admise par tous les partis qui s'accusèrent mutuellement d'avoir propagé l'incendie, fortuit à son début, paralysa les efforts de ceux qui travaillèrent à l'éteindre d'abord, puis à le circonscrire.

Les robinets des tuyaux qui, partant d'Is-

lington, à deux milles de Londres, amenaient
dans la ville l'eau nécessaire à la consommation
des habitants, se trouvèrent fermés au moment
de l'incendie. Et non-seulement le directeur
des eaux ne se trouva pas à son poste, mais il
avait emporté les clefs de la chambre dite des
robinets et les clefs ouvrant les robinets eux-
mêmes. Ce ne fut qu'après l'avoir cherché longtemps et inutilement, après avoir perdu un
temps précieux, qu'on se décida à enfoncer la
porte de la salle et à briser les robinets. Il paraît que dans cette opération on endommagea
quelques-uns des tuyaux, et qu'ils ne donnèrent pas autant d'eau que s'ils avaient été ouverts naturellement.

De plus, la fermeture des tuyaux avait eu
pour résultat de diminuer notablement la quantité d'eau qui se trouvait ordinairement dans
les réservoirs dont toutes les maisons de la ville
étaient pourvues, réservoirs alimentés, moyennant une redevance municipale, par la machine
d'Islington.

On comprend combien ces circonstances
durent favoriser les progrès du feu, qui ne
trouvait d'ailleurs que trop d'aliments dans une

ville bâtie en grande partie en bois et percée de rues étroites et tortueuses.

Un monument élevé à l'endroit même où l'incendie se déclara existe encore aujourd'hui. C'est une colonne cannelée d'ordre dorique, placée sur un piédestal, et dont le sommet, surmonté d'une urne vomissant des flammes, s'élève à environ soixante mètres au-dessus du sol de la rue. L'escalier pratiqué dans l'intérieur de la colonne se compose de trois cent trente-une marches de marbre noir.

Sur la face du piédestal qui regarde le nord, une inscription latine expose les détails de l'incendie, et établit que « l'incendie dura trois jours et trois nuits ; qu'il détruisit quatre-vingt-neuf églises ou chapelles, y compris la cathédrale Saint-Paul ; — la maison de ville (Guild-Hall) ; — quantité d'édifices publics, tels que bibliothèques, hôpitaux, colléges, magasins, etc. ; — treize mille deux cents maisons ; — que la dévastation s'étendait sur quatre cent trente-six acres de surface (1), et que tous les quartiers situés depuis la Tour,

(1) L'acre anglaise représente un peu moins d'un demi-hectare (0,404,672 h.)

en suivant la Tamise, jusqu'à l'église du
Temple, et depuis la porte du Nord jusqu'au
pont de Holborn, avaient été la proie des
flammes ; — enfin, que l'incendie s'arrêta,
pour ainsi dire, de lui seul, au moment où l'on
avait renoncé à tout espoir de le maîtriser. »

On peut se faire une idée, par ces détails
gravés sur un monument destiné à perpétuer
le souvenir d'une épouvantable catastrophe, du
spectacle que la plus riche cité de l'Europe dut
offrir pendant trois jours.

Tous les récits qui nous ont été laissés par
des témoins oculaires s'accordent pour signaler
la chaleur intense mêlée à une odeur insupportable qui régnait dans les quartiers préservés.
Il fallait que cette chaleur fût bien grande,
puisque beaucoup de personnes perdirent connaissance et tombèrent comme asphyxiées dans
des rues où l'incendie ne se propagea pas. Tous
renoncent également à trouver des paroles pour
peindre un foyer de plus de dix mille maisons
brûlant à la fois, et *dardant jusqu'aux nuages,
avec des sifflements affreux, ses dix mille langues
de flammes.*

Le pont de Londres était, à cette époque,

couvert de constructions, comme la plupart
des ponts de ce temps-là. Le feu envahit ces
maisons avec tant de rapidité, qu'elles s'allumèrent presque toutes à la fois, et formèrent
un arc enflammé qui reliait les deux rives du
fleuve. Cet arc, se réflétant d'un côté dans le
ciel, et de l'autre dans les eaux, offrait un de
ces tableaux fantastiques au delà de la réalité.

« Il serait impossible, dit un historien qui
raconte cette catastrophe, de décrire la stupeur et le vertige dont étaient saisis les malheureux habitants. On les voyait courir çà et
là en poussant des cris de détresse et de lamentables gémissements. De temps en temps ils
s'arrêtaient devant une église ou une tour que
la flamme dévorait, et ils se remettaient à fuir
quand l'explosion d'un bâtiment que l'on faisait sauter pour arrêter les progrès de l'incendie, les avertissait d'un nouveau danger. La
plupart de ceux qui s'étaient imaginé que le
monde et ses habitants allaient devenir la proie
de l'élément destructeur, ne se sentirent un
peu rassurés que lorsque le vent chassant les
nuages, ainsi que l'épaisse masse de fumée qui
planait sur la ville, ils virent la lune, alors

dans son plein : elle poursuivait sa course ma-
jestueuse avec un calme qui formait un con-
traste frappant avec la scène de désordre et de
désolation dont la cité était alors le théâtre, et,
semblable à l'arc-en-ciel montré à Noé après le
déluge, elle paraissait annoncer que Dieu ne
voulait pas encore détruire le monde. »

L'embrasement de la basilique Saint-Paul,
dont la masse entière parut s'enflammer à la
fois, fit ressembler son magnifique dôme à une
montagne de feu. Les pierres des murs et des
voûtes, par l'effet de l'intensité de la chaleur,
se fendaient avec des crépitations tellement
multipliées, qu'on eût dit une fusillade. Le
plomb qui revêtait une partie de sa coupole et
celui des gouttières formaient des cascades qui
traversaient l'espace comme de larges rubans
de feu, tombaient en pétillant sur le pavé et
couraient çà et là, semblables à des ruisseaux
de lave. Le pavé lui-même, tout autour de l'é-
difice, s'échauffa au point qu'il brûlait les pieds
de ceux qui essayaient de traverser la place qui
s'étendait autour de l'église.

Pendant que l'incendie dévorait la ville de
Londres, le fleuve qui la traverse, la Tamise,

offrait également une scène de tumulte, de désolation et d'horreur ; car bon nombre d'infortunés qui avaient arraché aux flammes ce qu'ils possédaient de plus précieux, vinrent périr dans ses eaux.

En effet, ce fut vers la Tamise que se précipita la foule immense que le feu chassait des quartiers embrasés. Cette multitude, qui s'amoncelait sans cesse sur les quais, les ayant bientôt rendus trop étroits pour la contenir, ceux qui se trouvaient au bord de l'eau s'élancèrent dans tous les navires et dans toutes les embarcations amarrées au rivage. Quand une barque avait reçu autant de monde qu'elle en pouvait contenir, ceux qui la montaient essayaient de la pousser au large : mais d'autres qui voulaient également y prendre place cherchaient, au contraire, à la retenir. Il en résultait des luttes atroces, qui se terminaient souvent par l'engloutissement du bateau.

D'autres bateaux parvenaient à s'éloigner de terre ; mais comme ils étaient dirigés par des mains inexpérimentées et généralement chargés outre mesure, le courant les portait les uns contre les autres, et ils chaviraient au moindre choc.

Qu'on se figure les eaux de la Tamise éclairées par les reflets de l'incendie, qui leur donnent une teinte sanglante. Des centaines de barques où s'élèvent des pyramides de meubles, où se pressent plus de passagers qu'elles n'en peuvent porter, voguent confusément, se heurtent à chaque instant, s'inclinent et sombrent. Partout les eaux charrient des meubles, des objets de toute espèce auxquels s'accrochent les naufragés. Çà et là, des nageurs luttent contre les flots ou s'épuisent en efforts surhumains pour atteindre une embarcation, d'où on les repousse à coups de perches ou de rames. Si l'on ajoute comme complément à ce lugubre tableau les cris qu'arrachent la terreur, la colère, la souffrance, la compassion, les regrets, les tortures morales, à cette multitude composée de personnes de tout sexe et de tout âge, l'imagination reculera épouvantée devant une pareille évocation.

Il paraît d'ailleurs très-positif que pendant l'incendie de Londres il périt plus d'habitants par l'eau que par le feu. Ce fait, qui paraît assez étrange, s'est cependant maintes fois produit dans les grands embrasements dont les villes furent le théâtre.

Tout en ce monde, même les plus grandes calamités, peut avoir son bon côté. A dater du grand incendie de 1666, Londres cessa d'être périodiquement ravagée, tantôt par des maladies pestilentielles, tantôt par le feu.

Non-seulement, en rebâtissant la ville, on donna plus de largeur et de régularité aux nouvelles rués qui remplacèrent les immondes cloaques que le feu avait détruits, mais une ordonnance du roi défendit d'élever aucune construction en bois.

# TREMBLEMENT DE TERRE DE LISBONNE

## (1755)

Le tremblement de terre de 1755 (qui est généralement désigné sous le nom de tremblement de terre de Lisbonne, parce que ce fut dans cette infortunée cité que les commotions produisirent le plus grand désastre) se fit sentir dans tout notre hémisphère, et même en quelques parties de l'Amérique et de l'Afrique. Le même jour on éprouva des secousses, dit un savant géologue, M. Huot, non-seulement en Espagne et en Portugal, mais dans presque toute l'Europe. A Kinsale, en Irlande, l'eau envahit le port, plusieurs vaisseaux pirouettèrent et allèrent tomber sur la place du Marché. L'agitation des lacs, des rivières et des sources fut extraordinaire dans la Grande-Bretagne. Dans le lac Lomond, en Écosse, par exemple, l'eau s'abaissa au-dessous de son niveau ordinaire, et s'éleva ensuite en franchissant les bords. Le terme de son plus grand abaissement et de sa plus grande élévation fut de soixante-seize centimètres. Enfin de légères oscillations se firent sentir en Suède, en Norwége, en Hollande, en France, en Allemagne, en Suisse, en Italie et en Corse. L'une des sources de Néris (France) s'éleva d'un mètre trente centimètres. A Alger et à Fez (en Afrique), l'agitation de la terre fut si violente, que le nombre des victimes humaines fut d'environ dix mille, et que tout le bétail fut englouti; sur la côte de Tanger, la mer franchit ses limites ordinaires jusqu'à dix fois de suite. A Funchal, dans l'île de Madère, elle s'éleva d'environ seize mètres au-dessus de sa hauteur ordinaire. A Antigoa comme à la Barbade, et dans quelques autres Antilles, on ressentit aussi plusieurs secousses.

Mais à Lisbonne ces secousses furent si violentes, que la première, qui eut lieu à neuf heures vingt minutes du matin, ne laissa que trois mille maisons debout sur les vingt mille qui composaient la cité, et encore, sur ces trois mille maisons ou édifices, plus des trois quarts

se trouvèrent tellement endommagées et hors
d'aplomb, qu'on dut les démolir ou en reprendre les murs en sous-œuvre pour éviter de
nouveaux malheurs.

Un recensement fait quelque temps auparavant portait la population de Lisbonne à
270,000 âmes, y compris la population flottante. D'après les calculs les plus modérés,
30,000 individus périrent ou furent mortelle-
ment frappés en quelques minutes, et cependant deux circonstances diminuèrent incontes-
tablement le nombre des victimes. La première,
c'est que la catastrophe arriva à une époque de
l'année où la plupart de ceux qui possèdent des
maisons de campagne les habitent. Or, à Lisbonne, il est peu de personnes appartenant à la
classe aisée ou même moyenne, qui ne soient
propriétaires d'un jardin et d'une maisonnette
situés autour de la ville. Il est clair que tous
ceux qui se trouvaient en rase campagne et
même dans un bâtiment isolé, échappèrent
plus facilement au péril que ceux que l'ébranlement ou la chute de leurs maisons chassa dans
la rue.

La seconde circonstance, c'est qu'à neuf

heures du matin, les grand'messes, qui devaient se célébrer ce jours-là (à cause de la fête
de la Toussaint), n'étaient pas encore commencées. Si le tremblement de terre se fût fait sentir une heure plus tard, le nombre des morts
eût peut-être doublé ; car il est constant que
presque toutes les personnes qui étaient réu-
nies dans les cent cinquante églises ou chapelles de Lisbonne furent écrasées sous leurs
débris. Qu'eût donc été le désastre, si les églises
eussent été encombrées de fidèles comme elles
le sont toujours pendant la grand'messe d'une
des fêtes les plus solennelles de l'année !

Ce fut à neuf heures vingt minutes du matin,
comme nous le disions plus haut, que se pro-
duisit la secousse qui changea une grande cité
en un amas de ruines. L'effet de cette commo-
tion fut d'autant plus funeste, qu'elle n'avait
été précédée ni par le moindre ébranlement du
sol, ni même par les signes qui annoncent ordinairement les convulsions souterraines. La
secousse ne dura pas dix secondes : un bruit
épouvantable la suivit. C'étaient plus de quinze
mille édifices, y compris les églises, le palais
du roi et la magnifique salle de l'Opéra, qui

s'écroulaient à la fois. On peut se faire une idée
des roulements, du fracas, des détonations qui
durent éclater tout à coup, en prenant pour
point de comparaison le bruit retentissant d'un
tombereau de pierres que l'on décharge sur le
pavé en le basculant.

Nous remplirions un volume, si nous vou-
lions citer les faits étranges, incroyables, qui
se produisirent immédiatement après la catastrophe, et qui sont consignés dans les nombreuses relations de cet événement, relations
dont quelques-unes sont écrites par des témoins
oculaires. Ainsi il y eut une maison dont le
premier étage descendit d'un bloc dans la rue.
Les personnes qui occupaient cet étage se sauvèrent par les fenêtres, qui se trouvaient de
plain-pied avec le sol, tandis que les individus
du rez-de-chaussée et du second étage périssaient sous les décombres. Quelques femmes qui
passaient en courant près d'une église, au moment où sa façade se renversait, furent placées
de manière à rencontrer dans la façade qui s'a-
battit sur elles un large trou par lequel elles
s'échappèrent, et elles en furent quittes pour
escalader la muraille de débris amoncelés qui

les avait renfermées sans les blesser sérieuse-
ment.

Du reste, l'étonnement, la stupeur dont tous
les habitants de Lisbonne qui survécurent aux
conséquences de la première secousse furent
saisis, ne laissa à aucun d'eux sa présence
d'esprit. La grande majorité s'élança instincti-
vement vers les endroits découverts sans regar-
der derrière soi, sans s'occuper de ses parents
ou de ses amis. D'autres restèrent comme pétri-
fiés et ne bougèrent pas. Près du palais de l'In-
quisition, plusieurs personnes qui s'étaient réfugiées au milieu d'une place où les ruines ne
pouvaient les atteindre, virent un homme âgé,
debout, au pied d'une maison dont les murs
mis hors d'aplomb tombaient pièce à pièce. Cet
homme n'avait pas encore été atteint. Vainement les personnes qui étaient au milieu de la
place, parfaitement en vue et à portée de la
voix, firent-elles signe à ce malheureux de venir
les rejoindre; vainement l'appelèrent-elles à
grands cris : il ne remua pas, et fut écrasé
après avoir eu dix fois le temps de se mettre à
l'abri.

On remarqua que parmi ceux qui échappèrent au désastre, le plus grand nombre occupait les étages supérieurs des maisons. Un petit nombre, au contraire, de ceux qui passaient dans les rues ou qui sortirent par les portes au moment de la secousse, évita la mort. Il va sans dire qu'il ne s'agit ici que des habitants des quartiers les plus maltraités; car ceux qui furent surpris sur les places ou dans les maisons que le choc ébranla sans les renverser, se sauvèrent presque tous.

Un fait à noter, c'est que le tremblement de terre ne fut pas également violent dans toutes les parties de la ville. Supposez une ligne imaginaire coupant diagonalement Lisbonne en deux parties inégales. Tout le long de cette ligne l'oscillation du sol atteignit le maximum d'intensité pour décroître graduellement en s'éloignant des deux côtés de cette même ligne.

La secousse coïncida avec l'heure de la marée haute. Comme elle se fit également sentir dans le lit du Tage, ce fleuve, déjà gonflé par le flux, s'éleva brusquement à la hauteur démesurée de douze mètres, et poussa ses flots tumultueux jusqu'au milieu de la ville. Mais ce ne fut qu'une espèce d'épanchement causé

par le mouvement général du sol, car l'eau
rentra dans son lit aussi vite qu'elle en avait
été chassée, et reprit son niveau ordinaire.

Cette soudaine irruption du fleuve mit,
comme on le pense bien, le comble à la consternation des habitants de Lisbonne, qui
croyaient déjà n'avoir plus rien à craindre,
parce qu'ils avaient échappé à la chute des
édifices. Qu'on juge de leur désespoir quand
ils virent une mer furieuse rouler vers eux et
menacer de les engloutir !

Trois heures environ après le tremblement
de terre et la retraite des eaux, un nouvel
élément vint étendre ses ravages sur la malheureuse cité ou plutôt dévorer ses ruines. En
effet, l'écroulement des maisons avait naturellement eu pour résultat de mettre les feux
allumés dans les cuisines et dans les fabriques
en contact avec les matières inflammables, mêlées et confondues dans les débris de toute
espèce. Il s'ensuivit des incendies partiels, de
peu d'importance d'abord, qui couvèrent sur
une multitude de points. Mais au bout de trois
heures ces foyers, ayant gagné de proche en
proche, déterminèrent un embrasement géné-

ral, qui, activé par un vent violent, non-seulement ne se concentra pas dans les quartiers
renversés, mais envahit ceux où la majeure
partie des maisons étaient restées debout.

Cet incendie, toutefois, eut son bon côté; car,
s'il multiplia les pertes matérielles, il délivra
les survivants de la crainte très-fondée que la
peste ne vînt à se déclarer, par suite de la putréfaction des trente mille cadavres épars sous
les décombres, au milieu desquels on n'osait
pénétrer sans prendre de grandes précautions
à cause des éboulements continuels qui s'y ma-
nifestaient. Le feu, en dévorant ces tristes
restes, limita le désastre et le maintint dans les
proportions qu'il avait prises d'abord.

« Nous sommes encore dans la plus affreuse
situation, écrivait un docteur anglais quinze
jours après le tremblement de terre. J'ai compté
encore vingt-deux secousses depuis la première, qui nous a été si funeste. Aussi n'osons-
nous pas encore rentrer dans les maisons con-
servées. Nous vivons et nous dormons au grand
air : nous n'avons ni tentes, ni vivres, ni vêtements, ni argent. Dans les premiers jours, une
once de pain se vendait jusqu'à une livre d'or.

Mais depuis que quelques gens déterminés ont osé pénétrer dans la ville, ils nous ont rapporté de plusieurs magasins qui n'ont heureusement pas été détruits, assez de blé pour ne pas mourir de faim, et l'on s'en procure à un prix raisonnable, vu la circonstance. »

L'auteur de ce fragment de lettre assure que sur trente-huit personnes qui habitaient la maison où il logeait, quatre seulement, lui compris, évitèrent la mort.

Comme le roi et tous les membres de la famille royale étaient absents de Lisbonne lors de l'événement, il n'y a rien d'étonnant à ce qu'ils n'éprouvèrent aucun mal. Mais ce qui est plus remarquable, c'est que parmi les ministres étrangers il n'y eut que l'ambassadeur d'Espagne qui fut tué ; celui de France ne perdit pas une seule des personnes attachées à sa maison.

Pour donner une idée des pertes matérielles qu'éprouva Lisbonne, il nous suffira de dire qu'on estima à douze millions de francs la valeur des meubles, bijoux, orfévrerie et objets d'art détruits ou perdus par la catastrophe où volés par les malfaiteurs.

Dans le reste du Portugal, ce fut principalement le long de la mer et dans les montagnes
que le sol éprouva le plus grand ébranlement.
Parmi les villes du littoral, Oporto fut la seule
qui n'éprouva que des dégâts insignifiants.
Toutes les autres furent fortement maltraitées,
quoiqu'à des degrés différents.

A Sétubal, le port entier fut englouti. Les
mantagnes d'Arabida, d'Estrella, de Marad et
de Cintra, qui appartiennent à la principale
chaîne du Portugal, furent violemment ébranlées : la plupart d'entre elles s'ouvrirent à leur
sommet, et se déchirèrent jusque vers leur
base. Des masses de rochers roulèrent dans les
vallées voisines.

« On rapporte que des flammes, qui paraissent avoir été électriques, sortirent de ces
montagnes. On ajoute qu'elles étaient accompagnées de fumée. Mais de grands nuages de
poussière donnèrent probablement lieu à cette
apparence. Un quai nouvellement et solidement
construit en marbre s'affaissa tout à coup. Un
grand nombre de bateaux et de petits navires
attachés près de là, et tous remplis de peuple,
furent ensevelis dans un gouffre qui se forma

subitement, et qui parut avoir une centaine de brasses de profondeur (1). »

L'auteur n'indique pas le lieu de cet événement. C'est probablement dans quelque port au sud de Lisbonne.

(1) Huot, *Géologie.*

# CATASTROPHE DU CHEMIN DE FER DE VERSAILLES

## RIVE GAUCHE

### (8 mai 1842)

Le 8 mai 1842, à cinq heures trente-trois minutes du soir, un convoi composé de dix-sept wagons, contenant sept cent soixante-huit voyageurs, partit de l'embarcadère de Versailles, rive gauche, pour Paris. Ce convoi était remorqué par deux machines, le *Matthieu-Murray*, à quatre roues, et l'*Éclair*, à six roues. Parvenu à la hauteur de Bellevue, un des ressorts du *Murray* se brise : la machine, perdant un de ses points d'appui sur le bâtis qui la supporte, s'affaisse d'un côté. Par suite de cette inclinaison, quelques pièces de la locomotive se mêlent et s'entre-choquent. De là des oscillations, des tiraillements qui tendent à faire dérailler le *Murray*.

Il déraille; mais, chassé en avant par la vitesse acquise du convoi qui le suit, sa roue gauche laboure le sol et brise tout ce qui s'oppose à son passage. Elle enlève les coussinets des rails : son bourrelet pénètre dans les traverses qui débordent le sol comme une hache au tranchant arrondi.

Le *Murray* parcourt ainsi une distance de cent mètres à travers des obstacles sans nombre.

Enfin il sort, se dresse par l'effet d'un choc, franchit la voie en faisant voler en éclats le rail gauche, et vient enfoncer ses deux traverses dans le talus qui borde le chemin à gauche.

Que devenait le convoi pendant cette course désordonnée? Le *Murray* s'est arrêté fortement ancré dans le talus. Son tender, qui le suit, se renverse alors, culbute et va tomber du même côté de la voie.

L'*Éclair* à son tour, buttant contre le *Murray*, brise les deux essieux du tender de cette machine, en défonce la caisse et la projette sur la gauche hors de la voie.

Placé entre la résistance des talus et cette nouvelle secousse, le *Murray* se couche sur le flanc droit.

L'*Éclair*, dont les roues de devant montent

sur cet obstacle, verse à droite de la voie ; mais le mouvement que reçoit encore sa partie postérieure, dont la petite roue est engagée dans le *Murray*, fait que, dans la dernière position qu'il prend sur le sol, son avant est obliquement ramené dans la direction de Versailles.

L'angle que forment les trains d'arrière et les foyers des deux machines barre complétement la voie entre ses deux talus.

Le tender de l'*Éclair*, brisant son attelage, franchit cependant l'obstacle, et, suivant la projection de gauche à droite imprimée par l'*Éclair*, va tomber dans sa position naturelle à dix mètres plus loin, sans autre avarie qu'un essieu brisé.

Le premier wagon découvert suit dans son incroyable bond le tender de l'*Éclair* : comme lui, il passe par-dessus les deux locomotives ; mais au lieu de tomber sur les roues, il tombe sur le côté, se brise et verse au pied du talus ses voyageurs plus ou moins blessés, mais que cette chute préserve de l'horrible destruction qui va s'opérer derrière eux.

Cependant l'élan s'amortit : le deuxième wagon ne franchit qu'incomplétement les machines; son arrière-train reste suspendu sur elles, tandis que l'avant-train porte en avant à terre. Le troisième wagon s'élève et monte tout entier sur cette base. Le quatrième wagon, après avoir enfoncé de sa barre d'attelage la boîte à fumée de l'*Éclair*, s'intercale encore dans cet échafaudage, dont l'élévation atteint dix mètres de hauteur.

Enfin le poids du convoi lancé pressant toujours avec une force décroissante, mais encore incalculable, les voitures qui ne peuvent plus gravir la masse de débris, elles viennent s'écraser contre elle; leurs parois se rejoignent, leurs banquettes intérieures se rapprochent, happant entre elles les jambes des voyageurs, retenues comme dans un étau.

Quant aux malheureux renfermés dans les seconde, troisième, quatrième et cinquième voitures, la plupart sont broyés ou mutilés par les pièces de bois qui se heurtent, se brisent et s'enchevêtrent.

Mais ce n'est pas tout : le *Matthieu-Murray*, en se renversant, laisse échapper de ses flancs entr'ouverts les charbons enflammés de son foyer. Ces charbons se répandent et mettent le feu aux débris accumulés au-dessus et autour d'eux. Les voitures nouvellement peintes, les provisions de coke qu'ont vomies les tenders s'embrasent avec une prodigieuse rapidité, et en quelques instants cet amas de wagons, au milieu desquels crient et s'agitent convulsivement des enfants, des hommes et des femmes, n'est plus qu'un vaste bûcher. Les tourbillons de flammes et de fumée qui enveloppent cette fournaise embrasée établissent une infranchissable barrière devant quiconque tente de s'en approcher pour porter secours aux malheureux qui brûlent tout vivants. L'eau bouillante et la vapeur qui s'échappent des chaudières des machines mêlent leurs ravages à ceux des flammes, et produisent les plus horribles blessures.

Moins de dix minutes après le déraillement du *Matthieu-Murray*, le feu a envahi d'une manière irréparable tout ce qui touche à son foyer.

Cependant les secours arrivent; mais pour la plupart il n'est plus de secours possible. En vain plusieurs personnes accourues sur les lieux, parmi lesquelles on remarque le maire de Meudon, trois gendarmes et un habitant de Bellevue nommé Paillet, essaient de soustraire quelques victimes à une mort épouvantable ; mais bientôt ils ne peuvent plus approcher du brasier, qui répand une odeur suffocante ; et ce n'est qu'à l'aide de longs crocs qu'ils parviennent à retirer quelques cadavres.

Voici deux dépositions faites devant la justice lors du procès auquel donna lieu ce funeste événement : l'une est celle d'un commissaire de police ; l'autre est celle du nommé Paillet, qui déploya dans cette circonstance un admirable dévouement et une rare intrépidité. Mieux que tout ce que nous pourrions dire, ces deux dépositions caractériseront l'épouvantable scène dont leurs auteurs furent témoins.

« Des cris affreux de désespoir, dit le commissaire de police, M. Martinet, s'échappaient des voitures empilées. Des mains suppliantes, des têtes, des mouchoirs agités se montraient à toutes les issues. Nous courûmes d'abord vers la première main qui nous fut tendue. C'était celle d'une femme. Elle occupait la voiture intermédiaire ; l'ayant très-vigoureusement saisie, nous l'invitâmes à nous aider pour faci-

liter son expulsion, lorsqu'une bouffée de fumée étant sortie de la voiture, elle nous obligea
de cacher notre visage pour ne pas être atteints
nous-mêmes. Nos efforts s'accrurent du danger. Pour sauver cette malheureuse, nous re-
doublâmes, et presque au même instant un
membre mutilé nous reste dans la main. Nous
regardâmes alors, et nous n'aperçumes plus
qu'une tête penchée au dehors de la portière et
entièrement noircie par le feu.

« Je montai sur les débris, dit Paillet, et je
parvins à arracher un homme pris par le men-
ton et par le derrière de la tête; ensuite je
saisis un jeune homme dont les jambes étaient
engagées dans les débris, et qui tenait dans ses
bras sa femme, que le feu avait déjà atteinte.
De plus, je retirai la demoiselle Collas, dont la
figure était brûlée et dont les jambes étaient
également prises dans les débris; enfin j'ai pu
retirer les deux demoiselles Duchesney, dont
l'une était dans les flammes du bas, et l'autre
tout en haut des wagons, sur l'impériale. Elle
était entourée de flammes, et personne n'es-
sayait de monter jusqu'à elle.

« J'y parvins, et je la saisis par le milieu

du corps ; mais la flamme ayant consumé la planche sur laquelle j'étais monté (1), je suis tombé avec la demoiselle dans les débris. Le sieur Louis, garçon marchand de vin à Bellevue, parvint à me saisir, et comme je n'avais pas lâché la demoiselle, il nous retira tous les deux. Il nous sauva la vie. Depuis ce moment il ne fut possible de sauver personne.

« Un de ces malheureux, placé au sommet du bûcher, veut sauter à terre ; mais en la touchant il tombe, et il se fracasse le crâne sur un rail.

Deux sœurs étaient dans un wagon qui se brise et s'entr'ouvre, tandis que les flammes s'élevaient au-dessus ; l'une d'elles parvient à s'échapper par l'impériale défoncée. Arrivée à terre, elle appelle sa sœur Élisa, dont elle voit le corps s'agiter en dehors de la voiture. Mais la pauvre fille luttait en vain. Ses pieds brûlent retenus entre les fragments du wagon. Bientôt

(1) « Paillet, dit un autre témoin, s'aventurait au milieu des flammes, comme s'il eût été de fer. Quand il grimpa jusqu'au sommet du bûcher, nous crûmes tous qu'il n'en reviendrait pas. Quand Louis le retira, il était tout roussi, mais sans brûlures graves. C'est une vraie salamandre que ce gaillard-là. »

cette malheureuse, les mains levées au ciel, disparaît à nos yeux dans les flammes. »

Par mesure de prudence, les portières des wagons avaient été fermées à clef au moment du départ, pour éviter que les voyageurs ne se blessassent en sautant hors des voitures avant que le train se fût complétement arrêté dans la gare de Paris.

Cette précaution eut les résultats les plus désastreux par suite du déraillement. Les voyageurs, épouvantés, hors d'eux-mêmes, et voulant s'élancer par les vasistas immédiatement après l'horrible secousse, firent des chutes très-dangereuses. De plus, il y eut dans certains compartiments des luttes affreuses, chacun s'opiniâtrant à passer le premier.

Il est ressorti d'une manière évidente des débats du procès que si l'incendie gagna les sixième, septième et huitième voitures, il ne les consuma que lorsque les voyageurs les eurent quittées; on put ouvrir les portières ou les forcer à temps.

Il était près de neuf heures quand on fut maître du feu. Mais jusque-là, et sans attendre l'organisation régulière des secours, l'assistance la plus empressée s'était offerte et multipliée de toutes parts. La maison d'un M. Schacher s'était, sur l'offre du propriétaire, convertie en ambulance. Le château de Meudon s'ouvrait à dix-huit blessés. Les habitants de Meudon et de Bellevue recueillaient avec le zèle le plus spontané les blessés qu'on transportait chez eux ou qui s'y traînaient. En quelques instants, grâce à la charité publique et au concours du commissaire de police Martinet, du maire de Meudon, du commandant du château et du curé, des ateliers de charpie et de pansement avaient été organisés. Chacune des localités voisines envoyait son tribut d'hommes dévoués. Les blessés et les mourants avaient un asile, des médecins et des prêtres.

Le reste de la nuit fut consacré à recueillir les cadavres et les objets, épars sur la voie et dans les cendres, qui devaient servir à constater leur identité ; car les cinquante-trois corps retirés du foyer de l'incendie étaient tellement carbonisés, qu'ils étaient complétement méconnaissables.

Un bateau à vapeur, expédié de Paris par le préfet de police, vint à dix heures prendre et reconduire à Paris tous ceux qui, par la nature et le peu de gravité de leurs blessures, purent profiter de ce moyen de transport, le moins pénible et le moins fatigant qu'il était possible de trouver.

Les cinq premiers wagons contenaient environ cent personnes. Toutes celles que le choc ne lança pas à droite et à gauche sur la voie périrent à peu d'exceptions près.

Le chiffre des morts s'éleva à cinquante-sept, celui des blessés à cent sept. Mais il ne faut pas perdre de vue que dans ce dernier nombre ne figurent que les personnes qui firent, pour ainsi dire, constater leurs blessures. Beaucoup de voyageurs plus ou moins fortement contusionnés regagnèrent leur domicile sans se faire connaître, et l'on suppose que plus de deux cents personnes doivent être rangées dans cette catégorie.

Dans le compartiment antérieur du cinquième wagon se trouvait l'amiral Dumont-Durville avec sa femme et son fils. Cinq autres voyageurs complétaient ce compartiment. Trois furent sauvés, et voici la déposition de l'un d'eux. Ce sont les seuls renseignements qui nous restent sur les derniers moments de l'illustre marin qui, après avoir vingt fois échappé dans ses campagnes de circumnavigation aux plus terribles dangers, vint périr misérablement sur un chemin de fer. Il s'était récemment fixé à Paris pour surveiller la publication des nombreux matériaux qu'il avait recueillis, et diriger l'éducation de son fils unique.

Ce furent ses amis et les compagnons de sa dernière expédition aux mers australes qui reconnurent à des indices certains son cadavre horriblement mutilé.

Voici cette déposition. C'est celle d'un sieur Trou :

« J'ai eu le pied écrasé : je suis resté six semaines au lit, et je ne retrouverai peut-être jamais l'usage de ma jambe. Ma femme a péri à mes côtés. J'ai été sauvé par un brigadier de gendarmerie.

« M. Dumont-Durville, continue le témoin, s'est un peu préoccupé de la vitesse excessive du convoi. Il était à côté de moi. Avant l'événement, deux jeunes gens qui étaient avec nous parlèrent d'accidents déjà arrivés sur les chemins de fer. L'amiral n'a rien dit. Bientôt le

choc a eu lieu. — L'amiral me parut couvert de
flammes; il ne pouvait plus respirer. Ma sœur,
qui m'accompagnait, porte encore au bras une
cicatrice que lui a laissée l'empreinte des ongles
de M^me Dumont-Durville, la pressant quand elle
luttait contre une mort affreuse, inévitable...
On nous a sauvés, ma sœur et moi. »

C'est dans les pièces, les débats, les dépositions du procès intenté à l'administration du
chemin de fer de Versailles (rive gauche) que
nous avons recueilli les détails qui précèdent.
Nous ne pouvions trouver une meilleure source,
et nous y avons puisé sans scrupule. Si nous
n'avions été retenu par la crainte d'impression-
ner trop vivement l'imagination de nos jeunes
lecteurs, nous aurions transcrit les dépositions
de quelques témoins, dans lesquelles ils ra-
content des scènes qui paraissent empruntées
aux plus lamentables, aux plus fantastiques in-
ventions des romanciers.

Le mécanicien en chef Georges, qui conduisait le *Matthieu-Murray*, fut tué sur le coup.
L'inspecteur de service Milhau, qui se trouvait
sur l'*Éclair*, quoique renversé sanglant sur
la voie, conserva toute sa présence d'esprit.

C'est lui qui fit arborer des drapeaux pour arrêter les convois suivants à la hauteur de Sèvres. Aussi, dans son réquisitoire, l'avocat général s'écriait-il en lui rendant justice : « Milhau s'est montré homme de tête et de cœur. Nous l'accusons la loi à la main, mais notre vœu serait que le tribunal couvrît, non pas d'une absolution impossible, mais d'une magnifique indulgence cette belle et méritoire conduite (1). »

Nous terminerons par le rapport adressé au ministre de l'intérieur par deux ingénieurs. Ce rapport, dans lequel l'événement du 8 mai est considéré sous un point de vue purement scientifique, n'est pas sans intérêt, parce qu'il établit et discute les faits matériels dans leur froide nudité.

*Rapport de **MM**. Combes et* Senarmont, *ingénieurs des mines, chargés de l'inspection des chemins de fer.*

Le convoi partit de Versailles entre cinq et

_____

(1) Tous les agents de l'administration, dans ce mémorable procès, furent acquittés. Le tribunal se fonda sur ce que la catastrophe n'avait pu être ni prévue ni évitée, et qu'aucune négligence ni imprudence ne pouvait être imputée à l'administration.

six heures du soir. Il était remorqué par deux
locomotives : l'une, de petite dimension, à
quatre roues, était en tête du convoi, suivie
de son tender ; l'autre, de grande dimension, à
six roues, de la construction de Sharp et Roberts, suivait immédiatement avec son tender,
et derrière elles venaient les voitures chargées
de voyageurs. A quarante-cinq mètres environ
du point où la route connue sous le nom de
*Pavé des Gardes* traverse à niveau la voie fer-
rée, l'essieu antérieur de la petite locomotive
s'est rompu aux deux extrémités, près des col-
lets contigus aux renflements qui sont encastrés
dans les moyeux des roues. Cet essieu est tombé
sur le chemin, entre les deux lignes de rails. Il
y était encore le 9 au matin. La cassure du fer
est lamelleuse, à larges facettes ; le diamètre
est de neuf centimètres.

La locomotive, privée de son essieu et de ses
roues de devant, a néanmoins continué à chemi-
ner, et l'on ne s'aperçoit pas qu'elle ait labouré
le sol avant la traversée de la route départemen-
tale. Cette locomotive était encore ce matin dans
le fossé du chemin, au pied du talus. L'essieu
coudé conducteur qui était à l'arrière était brisé

en un point, et paraissait avoir cédé sous un effort de torsion.

Le tender qui suivait la petite locomotive a été brisé par le choc. La grande locomotive à six roues qui venait après a été renversée en travers de la route, la grille tournée du côté de la petite locomotive antérieure. La boîte à fumée a été enfoncée, ainsi que le couvercle de l'un des cylindres. Les essieux et les roues ont été séparés de cette locomotive. Les essieux ont été infléchis, mais non rompus ; le tender de la grande locomotive a été brisé par le choc. Les chaudières des deux machines sont d'ailleurs demeurées intactes et sans déchirures. Les parties saillantes au dehors, telles que les soupapes, ont été seules brisées.

Les cinq premières voitures occupées par les voyageurs sont venues successivement se précipiter sur les locomotives renversées, et sont montées par-dessus, en vertu de leur vitesse acquise. En même temps les morceaux de coke enflammés qui étaient sur les grilles, sur celles de la seconde locomotive principalement, se sont trouvés entraînés ou lancés au milieu des voitures, et ont développé un affreux incendie,

àuquel les caisses en bois dans lesquelles sont
renfermées les chaudières des locomotives, et
les planches minces qui entrent dans la construction des caisses des voitures, ont fourni un
aliment très-actif. Le mécanicien en chef du
chemin de fer de la rive gauche a été tué sur le
coup, ainsi que trois chauffeurs. L'inspecteur
général de la ligne, qui conduisait la seconde
locomotive de Sharp et Roberts, avait, à ce
qu'il paraît, sauté en bas de la machine et s'é-
tait fracturé la jambe. Les malheureux voyageurs renfermés dans les premières voitures
poussaient des cris affreux, et personne ne pouvait les secourir. Suivant M. le commissaire de
police de Meudon, l'une des voitures a été
brûlée dans l'intervalle de dix minutes.

Sans entrer dans la discussion des causes
diverses qui ont concouru à cet épouvantable
désastre, et des mesures qu'il conviendra de
prescrire pour en prévenir le retour, il est évi-
dent pour tout le monde que la petite locomotive à quatre roues placée en tête du convoi a
été l'origine du mal, et que l'usage de ces locomotives devrait être supprimé. Les fractures
d'essieu sont assez fréquentes sur les chemins

de fer ; mais elles ne donnent pas habituelle-
ment lieu à des accidents aussi graves dans les
locomotives à six roues.

Quant à l'incendie qui a accompagné la catastrophe du 8 mai, nous croyons que ce fait
est encore sans exemple dans l'histoire des chemins de fer.

# TREMBLEMENTS DE TERRE EN SICILE

## DESTRUCTION DE CATANE

### (1169, 1563, 1669, 1693)

Aucune contrée, si l'on en excepte le Pérou, n'a été aussi fréquemment bouleversée par les tremblements de terre que la Sicile. Celui de 1169 coûta la vie à quinze mille personnes. Celui de 1563, moins funeste aux habitants, causa de plus grands désastres matériels. En 1669, l'Etna vomit un véritable fleuve de lave brûlante, large de cinq kilomètres, qui, glissant sur les flancs du volcan, se dirigea vers Catane, dont il atteignit bientôt les murailles. Ses remparts, qui avaient vingt mètres de hauteur sur une épaisseur proportionnelle, n'offrirent qu'un obstacle insignifiant au torrent de matières incandescentes. Les murailles furent effacées, le courant de lave pénétra dans la ville et s'écoula dans la mer, où il forma un môle énorme qui subsiste encore aujourd'hui.

Mais la plus terrible des commotions souterraines qui agitèrent la Sicile fut celle de 1693. Soixante bourgs ou villages de Val de Noto furent détruits. En moins de quelques secondes, soixante mille personnes, dont seize mille pour Catane seulement, périrent écrasées sous les décombres des habitations ou sous d'énormes quartiers de roc roulant du haut des montagnes. Beaucoup aussi furent engloutis dans des gouffres qui s'ouvrirent tout à coup sous leurs pieds.

A Catane il ne resta pas pierre sur pierre. Ce désastre commença le 9 janvier ; onze mille personnes s'étaient réfugiées dans la cathédrale pour implorer la miséricorde divine, lorsque la nef entière de l'édifice s'affaissa sur elles. Deux chapelles latérales et une partie de la voûte qui s'élevait au-dessus du maître-autel résistèrent seules à la secousse. Il n'y eut donc d'épargnés que l'officiant et ses assistants placés sur les marches de l'autel, et les fidèles réunis dans les deux chapelles latérales.

# INCENDIES DE MOSCOU

## (1812, 1571)

Le plus connu des incendies dont la ville de
Moscou fut le théâtre est doublement célèbre :
et parce qu'il fut allumé par les ordres de son
gouverneur Rostopchin, qui, d'accord avec la
noblesse moscovite, sacrifia la ville sainte au
salut de l'empire, et parce qu'il fut le point de
départ et la cause d'un des plus grands désastres dont l'histoire ait conservé le souvenir.

Moscou, quoique possédant déjà en 1812 de
nombreux palais et quantité d'édifices et de
maisons solidement bâtis en pierres de taille,
était cependant en réalité une ville de bois, tant
les constructions de ce genre y dominaient. Ses
murailles formaient une ceinture non inter-
rompue de vingt-huit kilomètres de développe-
ment, et renfermaient des richesses incalcu-

lables. Moscou, en éffet, était à la fois le séjour favori d'une aristocratie opulente, une ville industrielle et l'entrepôt d'un commerce très-étendu (1).

Tout le monde sait qu'une armée, commandée par Napoléon en personne, pénétra en Russie et s'avança vers Moscou, balayant devant elle les armées russes chaque fois qu'elles essayèrent de fermer aux Français le chemin de leur ancienne capitale.

Le récit de cette fameuse campagne ne saurait entrer dans le cadre que nous nous sommes tracé, et si nous en avons dit quelques mots, c'est qu'ils étaient indispensables pour com-

---

(1) Moscou, par sa position, fut pendant longtemps et jusqu'au commencement de ce siècle, le point central où affluaient les marchands de l'Europe et de l'Asie pour échanger leurs produits. Si les communications maritimes, en devenant plus nombreuses et plus rapides, ont ouvert d'autres chemins à l'activité commerciale, Moscou, bien loin de perdre à ce nouvel état de choses, y a gagné en donnant un immense essor à sa fabrication. Déjà, en 1829, cette industrieuse cité possédait 80,000 métiers, dont 60,000 tissaient des cotonnades, 16,000 des soieries, et 4,000 des étoffes de laine. Le nombre des usines destinées à la teinture, à la fabrication du papier, à celle des produits chimiques, était également considérable. Enfin l'orfévrerie, le tannage des cuirs, l'ébénisterie, occupaient à elles seules plusieurs milliers d'ouvriers.

prendre la cause de l'incendie de Moscou.

Ce fut par une belle matinée du mois de septembre que les Français y firent leur entrée, tambours et musique en tête.

« A l'aspect de cette immense cité, dit un historien (1), un même sentiment de joie et d'orgueil fit tressaillir nos légions... Elles contemplaient, saisies d'admiration, cette vieille métropole de la Moscovie, moitié orientale, moitié européenne, avec ses huit cents églises, ses mille clochers, sa multitude d'obélisques et ses coupoles dorées reluisant au soleil ! »

Mais bientôt une vague inquiétude remplaça l'enivrement du succès. On s'imagina d'abord que les habitants, pour ne point assister à l'entrée triomphale des Français, s'étaient retirés au fond de leurs maisons, et l'on s'expliquait ainsi la disparition complète de la population. Toute naturelle qu'elle paraissait, cette hypothèse ne rassurait pas l'esprit du soldat, frappé du silence de mort qui régnait dans les rues, et que troublait seul le bruit des fanfares.

L'empereur occupa avec sa garde le Krem-

(1) M. Gabourd.

lin, cet ancien palais des tzars, et distribua l'armée dans les différents quartiers de la ville. Ce ne fut qu'en s'installant dans les maisons que les soldats acquirent la certitude que les habitants avaient émigré en masse.

Laissons maintenant un témoin oculaire raconter les détails de l'incendie.

« ... Dès la première nuit de notre entrée (celle du 14 au 15 septembre), un globe enflammé s'était abaissé sur le palais du prince Troubetskoi et l'avait enflammé. C'était un signal : aussitôt le feu avait été mis à la Bourse (immense bazar qui servait d'entrepôt au commerce). On avait aperçu des soldats de police russe l'attiser avec des lances goudronnées. Ici des obus perfidement placés venaient d'éclater dans les poêles de plusieurs maisons; ils avaient blessé les militaires qui se pressaient autour. Alors, se retirant dans des quartiers encore debout, ils étaient allés choisir d'autres asiles. Mais près d'entrer dans ces maisons toutes closes et inhabitées, ils avaient entendu en sortir une faible explosion; elle avait été suivie d'une légère fumée, qui aussitôt était devenue épaisse et noire, puis rougeâtre, puis couleur de feu, et bientôt l'édifice entier s'était abimé dans un gouffre de feu.

Tous avaient vu des hommes d'une figure sinistre, couverts de haillons, et des femmes furieuses, errer autour de ces flammes et compléter une épouvantable image de l'enfer. Ils parcouraient, ivres de vin et de joie, ces rues embrasées. On les surprenait armés de torches, s'acharnant à propager l'incendie : il fallait leur abattre les mains à coups de sabre pour les forcer à lâcher prise...

« L'embrasement, poursuivant ses ravages, eut bientôt atteint les plus beaux quartiers de la ville. En un instant tous ces palais que nous avions admirés pour l'élégance de leur architecture et la richesse de leur ameublement furent consumés par la violence des flammes. Leurs superbes frontons, décorés de bas-reliefs et de statues, venant à manquer de support, tombaient avec fracas sur les débris de leurs colonnes. Les églises, quoique couvertes en tôle et en plomb, tombaient aussi, et avec elles ces dômes superbes que nous avions vus la veille tout resplendissants d'or et d'argent. Les hôpitaux, où se trouvaient plus de vingt mille

blessés ou malades, ne tardèrent pas à être in-
cendiés. Le désastre qui s'ensuivit révoltait
l'âme et glaçait d'effroi (1). Consternés par tant
de calamités, nous espérions que les ombres
de la nuit en couvriraient l'effrayant tableau.
Elles ne servirent qu'à rendre l'incendie plus
terrible, et à faire ressortir davantage la violence des flammes : agitées par un vent sec,
elles s'élevaient jusqu'au ciel. On apercevait
aussi les fusées incendiaires que les malfaiteurs
lançaient du haut des clochers ; elles sillon-
naient des nuages de fumée, et de loin ressemblaient à des étoiles tombantes.

« Le lendemain, on ne distinguait les endroits où il y avait eu des maisons que par
quelques piliers en pierres calcinées et noircies.
Le vent, soufflant avec force, formait un mugissement semblable à celui que produit une
mer agitée, et faisait tomber sur nous, avec un
fracas épouvantable, les énormes lames de tôle
qui recouvraient les palais. De quelque côté

---

(1) Vingt mille blessés, ramassés sous les murs de Smo-
lensk ou sur les bords de la Moskowa, y étaient entassés,
la plupart horriblement mutilés. Pour eux la fuite était
impossible. Il fallait rester là comme dans une redoute
jusqu'à ce qu'on y meure !          BERGOUNIOUX.

que l'on tournât les yeux, on ne voyait que des
ruines ou un océan de flammes. Le feu prenait
comme s'il eût été mis par une puissance invi-
sible. Des quartiers immenses s'allumaient,
brûlaient et disparaissaient à la fois !

« A travers une épaisse fumée se présentaient
une longue file de voitures, toutes chargées de
butin : forcées, par l'encombrement, de s'arrêter à chaque pas, on entendait les cris des
conducteurs qui, craignant d'être brûlés, poussaient, en s'efforçant d'avancer, des impréca-
tions épouvantables.

« Le feu prit au Kremlin (1); Napoléon,
maître enfin de ce palais des tzars, s'opiniâ-
trait à ne pas céder cette conquête, même à
l'incendie. Sourd aux sollicitations, car tous
ses officiers s'étaient réunis autour de lui, ce ne
fut qu'après avoir jugé par lui-même du danger qu'il se décida enfin à fuir. Il descendit rapidement l'escalier du Nord. Mais nous étions
assiégés par un océan de flammes. Elles blo-

(1) Le feu prit à plusieurs reprises au Kremlin; mais un
bataillon de la garde impériale parvint toujours à s'en
rendre maître et à l'éteindre. La destruction d'une partie
du Kremlin fut postérieure à l'incendie. Le maréchal Mor-
tier le fit sauter quand les Français eurent évacué Moscou.

quaient toutes les portes de la citadelle, et repoussèrent les premières sorties qui furent tentées. Après quelques tâtonnements, on découvrit à travers les rochers une poterne qui donnait sur la Moscowa. Ce fut par cet étroit passage que Napoléon, ses officiers et sa garde parvinrent à sortir du Kremlin.

« Mais qu'avaient-ils gagné à cette sortie ! Plus près de l'incendie, ils ne pouvaient ni reculer ni demeurer; comment s'avancer, comment s'élancer à travers les vagues de cette mer de feu? Ceux qui avaient parcouru la ville, assourdis par la tempète, aveuglés par les cendres, ne pouvaient plus se reconnaître, puisque les rues disparaissaient sous les décombres et dans la fumée.

« Il fallait pourtant se hâter : à chaque instant croissait autour de nous le mugissement des flammes. Une seule rue, étroite, tortueuse et toute brûlante, s'offrait plutôt comme l'entrée que comme la sortie de cet enfer.

« L'empereur s'élança à pied, sans hésiter, dans ce dangereux passage. Il s'avança à travers le pétillement de ces brasiers, au bruit du craquement et de la chute des poutres brûlantes et des toits de fer ardent qui croulaient autour de lui; ces débris embarrassaient ses pas. Les flammes qui dévoraient avec un bruissement impétueux les édifices entre lesquels il marchait, dépassant leur faîte, fléchissaient sous le vent et se courbaient sur nos têtes. Nous marchions sur une terre de feu, sous un ciel de feu, entre deux murailles de feu. Une chaleur pénétrante brûlait nos yeux, qu'il fallait cependant tenir ouverts et fixés sur le danger. Un air dévorant, des cendres étincelantes, embrasaient notre respiration, courte, sèche, haletante, et déjà suffoquée par la fumée. Nos mains brûlaient en cherchant à garantir notre figure d'une chaleur insupportable, et en repoussant les flammèches qui couvraient à chaque instant et pénétraient nos vêtements (1). »

A ce tableau saisissant nous ajouterons quelques détails extraits de différents auteurs.

« A Moscou, dit M. Bergounioux, tous les chiens sont attachés à la porte des hôtels, et en foyant les habitants en avaient oublié beaucoup. Ces pauvres animaux, qui ne pouvaient

---

(1) M. Philippe de Ségur.

reculer devant l'incendie, poussaient des hurlements effroyables. Ces hurlements, le bruit
des maisons qui s'écroulaient, le sifflement des
flammes, les cris des soldats qui pillaient, les
coups de fusil tirés aux incendiaires, le roulement de l'artillerie sur le pavé des rues, puis
cette confusion de chefs et de soldats, d'infanterie et de cavalerie, c'était un désordre d'horreur dont aucun champ de bataille, quelque
vivement disputé qu'il fût, ne nous avait pré-
senté le tableau.

« En Russie, les classes ignorantes sont jusqu'à ce jour restées convaincues que ce sont
les Français qui ont brûlé Moscou, et le gouvernement a cherché lui-même à accréditer
cette grossière erreur parmi les populations
soumises à ses lois. C'est un de ces mille moyens
que la politique met en œuvre pour animer les
peuples les uns contre les autres, et perpétuer
ces haines internationales qui souvent n'ont
d'autre fondement que d'injustes préventions.
La destruction de Moscou, dans laquelle nous
étions entrés sans résistance, eût été un acte
sauvage. Mais les Russes mettant le feu à leur
capitale à l'entrée de l'hiver, pour arrêter la

marche de notre armée triomphante et creuser son tombeau, cela doit être considéré comme un acte de patriotisme dont la grandeur égale l'étendue du sacrifice. »

Il ne sera peut-être pas sans intérêt de placer à la suite du récit de cette catastrophe si récente la relation d'un incendie qui dévora cette même ville en 1571. Cette fois ce furent les Tartares qui l'allumèrent, pour se venger de ce que les Moscovites refusaient de leur payer un tribut. Cette relation nous a été laissée par un marchand de Senlis, nommé Simon Goulard; qui se trouvait alors à Moscou pour affaire de son commerce.

Quelque extraordinaires que puissent paraître les faits qu'affirme maître Goulard, quand il dit, par exemple, « que plus de cent mille personnes furent brûlées, et qu'en plusieurs endroits d'une grande place les hommes étaient par hauts monceaux de plus de demi-pique, » on ne doit point perdre de vue que la position de la ville, entourée de tous côtés par les Tartares, « que l'on craignait autant que le feu, » et la nature de ces constructions *entièrement en bois,* y compris le sol des rues qui était *pavé* de poutrelles de sapin, durent donner à l'embrasement une intensité et une universalité effroyables.

D'après Goulard, les Tartares, ayant disposé leurs troupes tout autour de Moscou, mirent le feu aux faubourgs qui s'étendaient au pied des murailles de la ville, tellement que c'était un cercle enflammé. « Adonc, continue-t-il, il s'éleva un tourbillon de vent si furieux, qu'en moins de rien il poussa la flamme des faubourgs en la ville. L'embrasement fut si soudain, que personne n'eut le loisir de se sauver (sinon en l'endroit où il se trouvait). Les personnes brûlées en cet embrasement montèrent à plus de cent mille : ce qui avint parce que les maisons étaient toutes de bois, et même le pavé, de grands sapins arrangés qui, étant huileux, rendirent l'embrasement extrême. En quatre heures la ville et les faubourgs furent entièrement consumés. »

Voici maintenant à quelle circonstance Goulard dut son salut.

« Nous étions, dit-il, moi et un jeune homme de la Rochelle, mon truchement, au milieu du feu, dedans un magasin tout voûté en pierre

et merveilleusement fait, dont la muraille avait
trois pieds et demi d'épaisseur, et n'avait ouverture que de deux côtés : l'une par où on
entrait et sortait, qui était une assez longue
allée en laquelle il y avait trois portes de fer
distantes l'une de l'autre d'environ six pieds;
de l'autre côté, il y avait une ouverture ou
créneau munie de trois huis de fer (larges bar-
reaux probablement) espacés à demi-pied l'un
de l'autre, lesquelles ouvertures nous bou-
châmes par dedans au moins mal qu'il nous fut
possible. Ce néanmoins il y entra tant de fumée
que c'était plus que trop pour nous étouffer,
n'eût été que nous avions un peu de bière dont
nous nous rafraîchissions de fois à autre. Plusieurs seigneurs et gentilshommes furent es-
teints (périrent) ès caves où ils étaient retirés,
parce que leurs maisons, faites de gros arbres,
venant à fondre (s'écrouler) soudain, acca-
blaient tout; les autres, réduites en cendres,
bouchaient toutes les ouvertures, tellement
que, faute d'air, les enfermés périssaient. Les
pauvres paysans qui s'étaient sauvés dans la
ville de vingt lieues à la ronde (par la peur des
Tartares), voyant l'embrasement, se jetèrent

en la plus grande place, laquelle était pavée de bois comme les autres. Ils y furent tous rôtis, de sorte qu'un homme de la plus haute taille ne semblait qu'un enfant, tant l'ardeur du feu les avait racornis, et ce à cause des grandes maisons à l'environ : chose la plus hideuse et effroyable à voir qu'il est possible de penser...»

Quand l'incendie se fut apaisé faute d'aliment, notre voyageur, avec son compagnon, gagna la citadelle, restée intacte, que les Tartares, satisfaits de leur terrible vengeance, n'essayèrent pas d'emporter. « Trois jours après, dit Goulard, ils tournèrent le visage du côté par lequel ils étaient venus, de telle vitesse que le lendemain ce torrent fut écoulé; dont ayant loué Dieu et donné ordre à nos affaires autant que la calamité présente le permettait, nous partîmes de ce pays désolé. »

Tout en n'admettant qu'avec une certaine défiance les détails secondaires sur cet événement laissés par le marchand de Senlis, et même en accordant une large part à l'exagération, on ne peut douter que l'incendie de Moscou par les Tartares, incendie attesté d'ailleurs par les historiens, n'ait dû présenter la réunion des circonstances les plus effroyables.

Trois points, eu effet, nous paraissent incontestables : 1° que les Tartares mirent le feu à Moscou de tous les côtés à la fois; 2° qu'à l'exception de quelques édifices publics et de quelques caves, toutes les constructions, y compris le sol des rues, étaient en bois; 3° que la ville de Moscou fut entièrement consumée, sans que les habitants pussent fuir dans la campagne, à cause des Tartares, qui, au nombre de plus de cinquante mille, les attendaient pour les massacrer.

# ÉBOULEMENT DE ROSSBERG

(2 septembre 1806)

L'éboulement d'une partie du mont Rossberg est encore si près de nous, que, parmi les touristes qui ont visité l'Oberland depuis une dizaine d'années, il en est peu qui n'aient eu l'occasion de causer avec quelque témoin oculaire de cette terrible catastrophe.

A l'extrémité du lac de Zug, au bourg d'Arth, on trouve une vallée, jadis fertile et populeuse, au milieu de laquelle miroitent les eaux transparentes du petit lac de Lowertz. Cette vallée, où s'élevaient quatre villages, et que tous les voyageurs du siècle dernier dépeignent sous les plus riantes couleurs, a bien changé d'aspect aujourd'hui. Dominée à droite par le Righi, qui projette dans les nuages ses assises de rochers d'un rose violet, où s'entremêlent des flaques d'un vert sombre formées

par le noir feuillage des sapins, et à gauche par
le Rossberg, montagne décrépite et crevassée,
et dont les ruines la couvrent, la vallée de Goldau n'a plus rien à offrir à la curiosité du touriste, si ce n'est le souvenir encore vivant de
son désastre.

La chute d'une partie du Rossberg ne fut pas
soudaine comme celle du Conto, dont il sera
question ailleurs : et c'est ce qui explique le
petit nombre de victimes qu'elle fit, eu égard
à la population de la vallée. Dès le matin du 2
septembre 1806, on vit des crevasses sillonner
les flancs du Rossberg comme l'éclair sillonne
le ciel dans un temps d'orage; quelques-unes
de ces crevasses se fermaient après s'être ouvertes. On entendit des bruits étranges qui
semblaient sortir des entrailles de la montagne.
Tantôt ils ressemblaient à des gémissements
prolongés, tantôt à des craquements secs et
courts. Tous les troupeaux qui paissaient sur
la montagne prirent leur course, en beuglant
d'une façon lamentable, et les oiseaux eux-
mêmes s'envolèrent par bandes vers le Rhigi.

Ces signes précurseurs d'un éboulement
jetèrent la consternation dans la vallée, et

beaucoup songèrent à se mettre à l'abri sur les pentes du Righi. Malheureusement, le désir de sauver leurs meubles et leurs ustensiles aratoires, l'espoir que tout se terminerait par l'éboulement de quelques rochers et de certaines parties de terrain dont la chute était depuis longtemps prévue, retinrent un grand nombre de personnes dans la vallée : les habitants des villages de Goldau, de Rhœten, de Bussingen-*Dessous* et de Bussingen-*Dessus* ne commencèrent réellement à émigrer en masse que vers deux heures de l'après-midi, quand ils virent les sources cesser complétement de couler et d'énormes blocs de pierre se dresser au-dessus du sol, par l'effet de la pression qu'exerçait sur eux la terre dans laquelle ils étaient plantés.

A deux heures et demie, le gazon d'un pâturage se fendit en mottes irrégulières, qui se soulevèrent tumultueusement et offrirent une image des flots de la mer. Bientôt des pierres commencèrent à se détacher, les crevasses dont nous avons parlé devinrent des ravins, et d'énormes assises de rochers se penchèrent peu à peu sur le vide; à cinq heures du soir, une étendue de terrain large de trois à quatre kilomètres, qui servait de base au Rossberg, se déroba sous lui, glissant en avant ; et aussitôt une tranche de la montagne fondit sur la vallée avec un fracas qui s'entendit à vingt kilomètres à la ronde.

La masse qui s'écroula ainsi avait, selon les calculs les plus exacts, trois mille huit cents mètres de largeur, trente-cinq mètres d'épaisseur, et trois cent trente-trois mètres de hauteur.

Rhœten, Goldau et les deux Bussingen disparurent sous les débris qui couvrent encore près de quatre kilomètres de terrain.

« Les rochers, broyés dans leur chute, dit un voyageur (1), ont labouré profondément le sol et se sont entassés dans un désordre vraiment *chaotique*. Quelques-uns de ces fragments, pour la plupart de forme cubique, paraissent avoir plus de cent pieds carrés. Quoique cette scène de désolation commence à perdre un peu de sa hideuse nudité (ceci était écrit en 1834), il se passera encore bien des années avant que ces collines de nouvelle formation se soient recouvertes de végétation, et que ces masses de

_____

(1) Le comte Théob. Walsh.

brèche décomposée se dépouillent de leur aspect ruineux. Au reste, ce domaine du chaos et de la mort est déjà partagé par les héritiers des victimes qu'il recouvre. Des barrières de bois divisent en petites portions un sol bouleversé et stérile, d'où s'élèvent les impures exhalaisons des eaux stagnantes, et sur lequel croissent quelques touffes de gazon perdues au milieu des plantes marécageuses. Au moment de mon passage, le ciel était extrêmement sombre; les nuages, balayés par un vent impétueux, s'amoncelaient sur la vallée; le tonnerre grondait au-dessus de ces ruines, où il n'y avait plus rien à détruire. Cela semblait en harmonie avec cette nature désolée; et pourtant un beau soleil, un ciel serein eussent fait, je crois, ressortir davantage l'aspect mélancolique de ces lieux, autour desquels tout eût paru brillant de vie et de fraîcheur. »

Quatre cent cinquante-sept personnes périrent dans ce désastre, et plus de quatre mille hectares d'excellentes terres furent ensevelis sous les décombres du Rossberg. « Le mouvement et le bruit, dit le docteur Zag dans sa relation, durèrent environ deux minutes, aux-

quelles succédèrent le silence et l'immobilité
de la mort. Quatorze personnes seulement furent
retirées vivantes de dessous les ruines : de ce
nombre était une jeune fille dont le salut tient
du miracle. Lorsqu'on la questionna sur ce
qu'elle avait éprouvé dès qu'il lui avait été possible de recueillir ses esprits, elle répondit :
« J'ai cru assister à la fin du monde. J'entendis
le son d'une cloche (le tocsin que l'on sonnait
à Arth), et je ne doutai pas que ce ne fût celle
qui appelait au jugement dernier les vivants
et les morts. »

Il faut environ deux heures pour traverser
l'espace qu'occupent les rocs entassés et les
débris, qui ont comblé une partie du lac de
Lowertz. Une chapelle et une auberge indiquent
la place où fut Goldau. Tous les ans on célèbre
à Arth un service solennel pour le repos des
âmes des victimes de l'éboulement.

Du reste, en parcourant la partie de la vallée
de Goldau qui a été préservée, l'œil scrute avec
inquiétude les flancs du Rossberg, dont l'aspect
est loin d'être rassurant. Ses couches, laissées
à nu par l'éboulement de 1806, offrent çà et là
des crevasses grimaçantes ; enfin de longues

traînées de pierrailles, des excavations immenses, des tassements récents, un caractère
de vétusté et de décrépitude dont il est impossible de n'être pas frappé, font présager de
nouvelles catastrophes.

Les montagnes elles-mêmes, ces colosses de
la création, vieillissent et meurent donc aussi,
et tombent en poussière comme nos monu-
ments!

# INONDATIONS EN HOLLANDE

(1170, 1219, 1251 , 1277 , 1282, 1337, 1395, 1421, 1530,
1809, 1825 )

Le sol de la Hollande, presque partout plat
ou déprimé, est en maints endroits moins élevé
que l'Océan qui l'environne. Il y a des provinces entières où, au moment de la pleine
mer, la différence de niveau entre les champs
et l'Océan est de plusieurs mètres.

Nous regrettons que l'espace nous manque
pour entrer dans quelques détails sur les immenses travaux entrepris par les Hollandais,
non-seulement afin de protéger leur pays contre
les envahissements de l'eau, mais afin de con-
quérir sur la mer de vastes terrains qui, mis en
culture, deviennent au bout d'un certain temps
d'une haute fertilité. Nous pourrions citer telle
grande ferme près de l'embouchure de l'Escaut,
sur laquelle, il y a quatre-vingts ans à peine,

les bateaux naviguaient, et où les pêcheurs de Flessingue venaient tendre leurs filets.

On comprend que, malgré la perfection des ouvrages d'art, digues, écluses, brise-lames, machines d'épuisement, etc. ; que, malgré le soin admirable avec lequel ils sont entretenus, il est fréquemment arrivé, par suite d'un ouragan ou d'une tempête occasionnant une marée d'une hauteur extraordinaire, que les digues, rompues ou escaladées par la mer, lui livrassent passage.

Ces catastrophes, toutefois, sont devenues de plus en plus rares, à mesure que l'expérience a montré aux ingénieurs les fautes de leurs devanciers, et que les calculs de la science hydraulique ont acquis plus de précision et de sûreté.

La première inondation dont les annales hollandaises fassent mention eut lieu le 1er novembre 1170. Elle couvrit une étendue considérable de pays, dont elle n'épargna qu'un canton, qui est devenu la petite île de Wieringen, entre le Texel et la Frise.

De 1219 à 1251, la Hollande septentrionale fut sept fois ravagée par des irruptions de la

mer du Nord. L'une d'elles détacha du continent le territoire qui forme aujourd'hui l'île de
Texel. Toutes les autres petites îles qui, semblables aux fragments d'une ceinture, se suc-
cèdent les unes aux autres depuis le Hanovre,
en longeant la Frise, jusqu'au Texel, faisaient
également partie de la terre ferme. Les historiens hollandais affirment, d'après des docu-
ments dignes de confiance, que près de cent
quarante mille personnes furent noyées pendant cette période.

En 1277, tout le canton de Reiderland disparut sous les eaux, ainsi que la petite ville de
Torum et une cinquantaine de villages et de
hameaux. Le golfe de Dollart les remplaça;
il a douze kilomètres de large, et s'avance de
plus de trente kilomètres dans les terres.

Jusqu'en 1281, la Frise n'était séparée de
la Hollande que par le lac Flevo. Cette année,
l'océan du Nord, soulevé par une affreuse tourmente, confondit ses eaux avec celles du lac et
forma le Zuyderzée, qui couvre une superficie
de plus de trente lieues marines. Quarante-
quatre villages selon les uns, trente-trois
selon les autres, furent engloutis.

En 1337, la mer pratiqua des brèches considérables dans la province de Zélande, et transforma complétement les embouchures de l'Escaut et de la Meuse, qui devinrent de véritables bras de mer entrecoupés de plusieurs îles, dont les plus considérables sont Walcheren, Cadsand, Sud-Beverland et Schouwen.

C'est la grande marée de 1395 qui creusa et élargit le canal entre le Texel et Vlieland, de manière à permettre aux navires de fort tonnage d'y passer. Depuis cette époque seulement, les grands bâtiments peuvent arriver jusqu'à Amsterdam.

Le 19 novembre 1421, les digues du Brabant septentrional, prises à revers par un débordement du Wahal et de front par la mer, se rompirent. Soixante-douze villages et une population de cent mille âmes se trouvèrent sous les eaux. Un lac, le Bies-Bosch, dont on estima la superficie à cent quatre-vingt-douze kilomètres carrés, occupa l'ancien emplacement des villages.

Vingt-cinq années plus tard, on commençait déjà des travaux pour reprendre à la mer et rendre à l'agriculture les terres envahies. Ces

travaux, poussés avec la patience et l'énergie
hollandaises, ont été couronnés d'un plein suc-
sès. Aujourd'hui le Bies-Bosch n'existe plus :
il a été transformé en riches et gras pâturages
et en terres à blé de première classe.

La mer de Harlem, qui a vingt kilomètres
de long sur douze kilomètres de large, fut
également le résultat d'une inondation en 1530.
On évalue sa superficie à vingt-huit mille deux
cents hectares qu'on espère rendre à l'agriculture. La compagnie qui a entrepris ce travail gigantesque compte avant peu d'années
déverser dans l'Océan toutes les eaux de la
mer de Harlem, opération qui ne peut être
exécutée qu'à l'aide de machines, puisque la
mer de Harlem a le même niveau que l'Océan.

En 1809, le 12 janvier, la province de
Gueldre éprouva des pertes immenses. Panner-
den, Horen, Aardt, Lowers, Westerwoord et
la moitié de la ville de Doesbourg étaient sous
les eaux. Ce qui donna un caractère tout particulier à cette inondation, c'est l'énorme quantité de glaçons que charriaient les eaux. Ils
s'amoncelèrent en quelques endroits à une hauteur prodigieuse ; ailleurs ils frappaient les

digues comme des béliers, et sans l'admirable construction de ces remparts ils eussent tous été détruits.

Le 5 février 1825, la ville d'Amsterdam se vit sur le point d'être engloutie avec toutes ses richesses. Un coup de vent de nord-ouest, qui durait depuis trois jours, avait tellement refoulé les eaux dans le Zuyderzée, que la grande marée du 5 devait infailliblement s'élever au-dessus de tous les travaux qui protégeaient la ville. Déjà, une heure avant la pleine mer, l'eau effleurait la crête des digues, et elle devait encore monter pendant une heure! Tous les hommes compétents regardaient Amsterdam comme perdue, lorsqu'une brusque saute de vent contraria l'action du flux et sauva la ville. Mais, une digue ayant été emportée à Burgedam, la mer envahit la Nord-Hollande et couvrit un tiers de cette province. Cette inondation toutefois ne fut que temporaire, et les eaux s'écoulèrent presque entièrement avec le jusant.

# CHUTE D'UN PONT SUSPENDU A ANGERS

## MAINE-ET-LOIRE

### (16 avril 1850)

Le 16 avril 1850, à onze heures du matin, un escadron de hussards, venant de Nantes, franchissait le pont de la Basse-Chaîne jeté sur la Maine, à Angers. Un quart d'heure plus tard., la tête de colonne du premier bataillon du 11ᵉ régiment d'infanterie légère se présentait de l'autre côté du pont.

A ce moment le vent d'ouest, qui soufflait depuis le matin, se déchaîna avec une violence extraordinaire. C'était une suite de rafales accompagnées d'une pluie torrentielle.

Dès que le peloton de voltigeurs qui ouvrait la marche se fut engagé sur le tablier du pont, l'ordre fut donné aux tambours de cesser de battre, et aux soldats de rompre la cadence du pas : précautions toujours usitées en pareille circonstance.

Le bataillon marchait par demi-sections de douze hommes de front; mais chacune d'elles, en s'avançant sur le pont balayé par la tourmente, obéissait à un mouvement irrésistible d'accélération, et se massait sans s'en apercevoir.

Les brusques secousses, les oscillations étranges que le vent imprimait à toutes les pièces du pont portaient aussi les soldats à allonger les enjambées, et comme la tête de la colonne reprit une allure plus réglementaire en arrivant au bout du pont, il en résulta que les distances entre les sections se trouvaient, à un moment donné, extrêmement raccourcies.

Le peloton de voltigeurs qui ouvrait la marche, les sapeurs, les tambours et la moitié des musiciens avaient touché la rive gauche; le lieutenant-colonel à cheval, son état-major, les cantinières, les première, seconde et troisième compagnies foulaient le pont avec la moitié de la quatrième; l'autre moitié de cette compagnie, ainsi que celle des voltigeurs, n'y était pas encore engagée.

Telle était la position du bataillon, lorsque le câble d'amont qui supportait le tablier rompit sous sa charge avec un bruit sec et retentissant assez semblable à un coup de canon. Aussitôt le tablier, soutenu d'un seul côté dans le sens de sa longueur, s'incline : les soldats, par un mouvement instinctif, se précipitent du côté opposé à celui qui fléchit ; cet élan en masse rompt le câble d'aval, et le tablier, avec tout ce qu'il supporte, tombe dans la rivière, s'y enfonce par l'effet de sa chute et reparaît bientôt tout couvert d'infortunés qui s'efforcent de s'y cramponner.

Mais comme le poids de cette multitude, joint à celui des nombreux débris du système de suspension restés fixés au tablier, l'empêchait de flotter, il plongeait et reparaissait alternativement à la surface de l'eau, et l'on remarquait avec désespoir que, chaque fois que cette espèce de radeau se remontrait, le nombre des naufragés qu'il portait était sensiblement diminué.

D'une pile à l'autre la rivière, dans toute sa largeur, était couverte de soldats se débattant, s'accrochant les uns aux autres. Çà et là on

voyait une espèce de grappe humaine à laquelle
la houle de la rivière, fouettée par l'ouragan,
imprimait une forme ondulatoire qui variait
continuellement selon le caprice des vagues. A
chaque instant celles-ci diminuaient le nombre
de ceux qui composaient un de ces groupes, et
on les vit se fondre homme à homme.

Qu'on se figure, si on le peut, la douleur,
l'anxiété, la rage impuissante des spectateurs
de cette scène sans nom, dont les cris, se mê-
lant à ceux des victimes, dominaient les sifflements de la tempête !

Le premier mouvement des témoins du désastre fut de se précipiter sur le rivage, de lancer à l'eau les planches, les madriers, toutes
les pièces de bois qui tombaient sous la main,
pendant que les mariniers coupaient les amarres
des barques attachées à la rive et essayaient de
gagner le large.

Mais la plupart de ces barques manquaient
d'avirons, et ceux qui les montaient s'épui-
saient en efforts inutiles pour vaincre la résistance des vagues et du vent ; car la moitié
des embarcations, au lieu d'avancer vers le lieu
du sinistre, s'en allaient à la dérive. Une toue ,

montée par quatre vigoureux mariniers, parvient cependant au milieu des soldats ; mais à
peine les mariniers ont-ils déposé leurs rames,
qu'une vague remplit leur barque et la fait chavirer ; forcés de regagner la terre à la nage,
chacun d'eux saisit un soldat et le ramène à
bord.

Ce qui ajoutait encore à l'horreur de cette
scène, c'étaient les larges taches sanglantes qui
marbraient çà et là les eaux de la Maine et
rougissaient de temps en temps l'écume d'une
vague. Ce sang provenait des nombreuses et
larges blessures que les militaires s'étaient faites
avec leurs baïonnettes en tombant pêle-mêle
d'une hauteur considérable et en glissant sur le
tablier du pont.

Si la Maine eût été calme, le désastre eût
très-certainement été beaucoup moins grand.
La plupart des soldats, en effet, soutenus par
leurs sacs, roulèrent pour ainsi dire sur l'eau
pendant un temps assez long pour qu'on pût
arriver jusqu'à eux par un vent ordinaire. Mais
les hommes qui conduisaient les barques, malgré les plus énergiques efforts, perdaient, pour
atteindre jusqu'au lieu du sinistre, une série de

moments précieux, dont chacun coûtait la vie à un soldat qui disparaissait; et en outre, lorsqu'une barque y parvenait, le sauvetage au milieu de ces ondes agitées devenait extrèmement long et difficile.

Et cependant jamais population d'une ville entière ne tenta avec plus de dévouement tout ce qui était humainement possible pour arracher à la mort les infortunés que le fleuve menaçait d'engloutir jusqu'au dernier! On vit des femmes, dans l'eau jusqu'à la ceinture, tendre des perches à des soldats; des enfants, à cheval sur une planche, s'abandonner au courant, et, se servant de leurs pieds et de leurs mains comme de rames, approcher d'une main qui s'agitait encore convulsivement au-dessus de l'eau et lui offrir un point d'appui. On cite des hommes qui sont parvenus à retirer, celui-ci quinze, celui-là dix, cet autre cinq militaires.

Comme toujours, les membres du clergé et les sœurs de Charité se firent remarquer parmi les plus ardents à l'œuvre du sauvetage, les plus oublieux de leur propre sécurité.

A mesure qu'on ramenait un soldat au rivage, il était entouré des plus tendres soins, et la foule se disputait le bonheur de lui offrir un asile et un lit. Le corps médical d'Angers se multipliait, pour ainsi dire, afin de suffire aux pansements de tous ces moribonds, qui sortaient de l'eau à demi noyés et trop souvent affreusement blessés.

Parmi les cadavres qui furent retrouvés le même jour et les suivants, on constata que la majeure partie avaient le corps traversé par un ou plusieurs coups de baïonnette. On trouva même un soldat dans le dos duquel un canon de fusil était entré assez profondément pour ressortir par sa poitrine.

Une circonstance déplorable vint encore accroître le chiffre des morts. Les militaires avaient mangé peu d'instants avant d'arriver au pont; il en résulta que beaucoup périrent asphyxiés aussitôt après l'immersion, et que quelques-uns même qui, à jeun, en eussent été quittes pour un bain forcé, moururent uniquement à cause de la plénitude de leur estomac.

Cet épouvantable événement coûta la vie à deux cent dix-neuf militaires et à deux agents de police, qui étaient venus transmettre quelques instructions au commandant du bataillon. Le nombre des blessés s'éleva à cinquante-sept.

Le lendemain de la catastrophe, Napoléon III, alors président de la république, se rendit à Angers à la première nouvelle du désastre. Dès son arrivée, il se fit rendre compte du nombre des morts et de la situation des blessés, les visita accompagné du ministre de la guerre et du commandant de place, et donna des ordres pour qu'ils fussent aussi bien traités que possible. Le président ne s'occupa point seulement des victimes, il fit indemniser les habitants d'Angers qui avaient reçu des soldats chez eux, et pour qui cette charge, qu'ils s'étaient généreusement imposée, constituait un véritable sacrifice.

Le pont de la Basse-Chaîne comptait onze années d'existence. L'année précédente, la ville d'Angers avait dépensé une trentaine de mille francs pour le consolider.

Sa travée, d'une pile à l'autre, avait cent mètres de longueur. Les câbles de suspension s'appuyaient sur des colonnes de fontes entourées de pyramides d'ornementation qui formaient quatre clochetons à jour. C'est dans la chambre d'amarre que le câble d'aval se rompit.

En ce moment (1854), on travaille à la construction d'un pont de pierre destiné à remplacer celui qui s'est brisé dans des circonstances si désastreuses.

# INCENDIE DE HAMBOURG

## (5 mai 1842)

Hambourg, situé sur la rive nord de l'Elbe, à quatre-vingts kilomètres de la mer, est sans contredit la ville la plus commerçante de tout le continent européen. Elle doit cet avantage à sa situation, au génie de ses habitants et à la solidité de son crédit. Le chiffre des opérations de Hambourg est immense, car elles embrassent tous les articles que l'Allemagne vend ou achète à l'étranger. Ainsi Hambourg vend par an, à l'Angleterre seule, pour quarante-trois millions de laine, destinée aux manufactures de ce pays, et verse en Allemagne pour environ quatre-vingt-dix millions de sucre, de café et d'épiceries.

Ces détails nous ont semblé indispensables, afin de donner une idée des richesses accumulées à Hambourg, et partant de l'importance de son sinistre.

Ce fut le jeudi 5 mai 1842, entre minuit et une heure du matin, que le feu se déclara dans un magasin d'un fabricant de cigares de la rue dite Deich-Strass. Cet incendie, à son début, ne revêtit aucun symptôme effrayant. A quatre heures du matin, les pompiers se croyaient maîtres du feu, quand un vent impétueux, qui s'éleva avec le jour, raviva l'embrasement, et en dirigea les flammes sur des bâtiments renfermant une grande quantité de camphre et d'alcool. Le feu ne tarda pas à se communiquer à ces matières éminemment combustibles. Il jaillit de ce nouveau foyer une immense colonne ardente, qui, s'inclinant par l'effet du vent sur les toits des maisons voisines, propagea l'incendie avec une rapidité sans égale. Vingt minutes plus tard, tout un côté de la rue Deich-Strass, où les constructions en bois dominaient, était en feu.

Alors seulement les habitants des rues voisines, dans un rayon même assez étendu (sous le vent de l'incendie principalement), commencèrent à prendre l'alarme et songèrent à déménager leur mobilier et leurs marchandises. Beaucoup les firent transporter dans l'église Saint-Nicolas, qui devint ainsi une espèce d'entrepôt public ouvert à tous les objets qu'on parvenait à y conduire.

Pendant ce temps-là, les autorités et le corps complet des pompiers ne restaient pas inactifs. Il fut résolu qu'on circonscrirait l'incendie, et que pour y parvenir plus sûrement on démolirait une certaine quantité de maisons. Malheureusement on ne fit pas la part du feu assez large, et l'on n'osa pas employer la mine pour opérer plus vite les démolitions ; le feu gagna donc ces maisons avant qu'elles fussent par terre, et poursuivit ainsi sa marche envahissante. On recommença la même opération plus loin, et cette fois-là on employa simultanément la mine, la pioche et même le canon. Ce remède terrible, mais impérieusement exigé par les progrès de l'incendie, parut réussir, et à deux heures du soir on crut l'avoir cerné d'une façon définitive et en être quitte pour le sacrifice d'une centaine de maisons. Comme d'ailleurs les secours et les pompes mandés par le télégraphe à Altona et aux villes voisines commençaient à arriver, l'espoir rentra dans tous les cœurs, et l'on ne songea plus qu'à disputer au feu la part même qu'on lui avait faite.

Mais vers quatre heures une épaisse fumée enveloppa tout à coup la flèche de l'église Saint-Nicolas, sans que l'on sache encore aujourd'hui d'une manière certaine comment le feu y prit. L'élévation de cette flèche ne permit pas d'y porter des secours assez prompts pour arrêter les progrès de l'incendie, et bientôt le clocher ne fut plus qu'une immense gerbe enflammée, qui, en s'affaissant sur la nef, transforma l'église entière en une fournaise ardente.

Dès ce moment il ne fut plus possible de prévoir où s'arrêterait l'incendie, qui venait de franchir le cercle dans lequel on croyait l'avoir enfermé; d'ailleurs, le vent changeait à chaque instant de direction sans rien perdre de sa violence.

Pendant trois jours et trois nuits, le feu, qu'aucune force humaine ne semblait pouvoir maîtriser, exerça ses ravages dans cette malheureuse cité. Il détruisit quinze cents mai-

sons, la banque, le Bœrsenhalle, l'hôtel de
ville, la cathédrale de Saint-Pierre et quinze
autres édifices publics. Cent personnes périrent
ou disparurent; on évalua la perte en argent
à cent soixante-dix millions de francs.

Sans une pluie abondante qui tomba le 7, la
ville entière eût été réduite en cendres. Cette
pluie ne sauva cependant aucune des maisons
embrasées; mais elle mouilla les toits de celles
qui ne l'étaient pas encore, et permit d'ali-
menter plus activement les pompes. Aussi,
dans l'après-midi du 8, devint-on complète-
ment maître du feu.

Nous n'avons pas essayé de décrire le désordre, le tumulte et l'effroi qui régnèrent à
Hambourg pendant ces trois mortelles jour-
nées. Qu'on se représente la population d'une
grande ville disputant au feu ses meubles, ses
marchandises, et fuyant les quartiers embrasés; dans toutes les rues un encombrement de
chariots de toute espèce, depuis l'élégante ca-
lèche jusqu'à la brouette, qui se heurtent,
s'accrochent, s'entre-croisent et interceptent
la circulation. Plus d'une fois le feu prit à
quelques-unes de ces voitures, qui brûlèrent

sur place. Souvent les chevaux, effrayés ou atteints par un brandon, se cabraient, s'emportaient et devenaient ingouvernables. Aux abords de la ville, c'était le plus lamentable spectacle qu'on puisse imaginer : meubles, marchandises, gisaient pêle-mêle au milieu d'une foule gémissante, épuisée par la douleur, la fatigue et la faim.

# TREMBLEMENTS DE TERRE AU PÉROU

## (1687, 1746, 1797)

On peut dire sans métaphore qu'il se passe
rarement un jour sans que le sol des contrées
qui avoisinent la chaîne des montagnes volca-
niques connues sous le nom de Cordillères,
remue plus ou moins sur un point ou sur un
autre.

Les secousses, très-souvent circonscrites dans
un espace assez resserré, sont ordinairement
trop faibles pour occasionner des malheurs,
mais assez sensibles pour qu'on ne puisse se
méprendre sur leur nature. Avant la conquête des Espagnols, les peuplades indiennes
répandues dans les cantons les plus exposés à
ce terrible phénomène, s'imaginaient que l'é-
branlement du sol provenait de l'impression

que les pas de leur divinité faisaient sur la
terre lorsqu'elle descendait du ciel et venait
les passer en revue. A la première secousse,
hommes, femmes et enfants s'élançaient hors
de leurs huttes en criant : « Nous voilà ! nous
voilà ! »

Parmi les nombreux tremblements de terre
observés au Pérou, et dont la longue nomen-
clature n'offrirait qu'un médiocre intérêt, nous
n'en citerons que trois, qui, par leur intensité, par les circonstances extraordinaires dont
ils furent accompagnés et par les ravages qu'ils
causèrent, méritent le triste honneur d'occuper
quelques pages dans ce livre.

Le tremblement de terre de 1687 renversa
une grande partie de la ville de Lima. Mais si
le désastre matériel fut immense, peu de personnes perdirent la vie. Les habitants de Lima
durent leur salut à ce que la secousse, qui ne
laissa debout qu'un très-petit nombre de maisons, avait été précédée par une secousse beaucoup moins forte, mais suffisante néanmoins
pour chasser tous les habitants hors de chez
eux. Comme à Lima les rues sont très-larges,
les places publiques spacieuses et les maisons

peu élevées, la population, agglomérée au milieu des rues et sur les places, assista sans danger à la ruine de la ville.

Le tremblement de terre de 1746 fut beaucoup plus meurtrier : il détruisit la ville de fond en comble, comme celui de 1687 ; et de plus il surprit dans leurs demeures la majeure partie des habitants, qui furent écrasés sous leurs décombres. Un petit nombre seulement eut le temps de se mettre en sûreté dans des endroits découverts.

A la même heure, Callao, port de mer situé à huit kilomètres de Lima, éprouva le même sort et fut changé en un monceau de ruines. Pour compléter son désastre, par suite du mouvement ondulatoire que subit le rivage de la mer, l'Océan se retira à une grande distance de la côte pour revenir bientôt avec une extrême violence. Non-seulement il rentra dans son ancien lit, mais ses flots bouillonnants et écumeux franchirent leurs limites habituelles, envahirent la ville tout entière, et engloutirent en passant ceux de ses habitants qui, échappés à la chute des édifices, se croyaient en sûreté sur la grève.

La force qui animait les eaux pendant cette irruption était telle, que Callao fut littéralement rasé, et qu'on ne trouva debout qu'un massif de maçonnerie dépendant du fort de Santa-Cruz.

Vingt-trois bâtiments de différents tonnages se trouvaient dans le port, l'un des plus sûrs de la côte péruvienne. Dix-neuf coulèrent (1) à pic sur leurs ancres, et les quatre autres, emportés par les eaux, furent laissés à sec au milieu des terres. Parmi ceux-ci se trouvait un navire de guerre.

Tous les autres ports de la côte, et notamment ceux de Cavallo, de Guanapé, eurent à peu près le même sort que Callao. Sur quatre mille personnes dont se composait la population de ce dernier, deux cents seulement furent épargnées, et une vingtaine durent leur salut au massif de maçonnerie dont il a été question plus haut.

Les villes de Chançay et de Gaura, les vallées

_____

(1) Un bâtiment coule à pic sur son ancre lorsque, maintenu par le câble de son ancre, son avant, submergé soit par les vagues soit par un raz de marée, plonge presque verticalement.

de la Barama, de Sapé et de Pativilca, souffrirent également des dommages considérables.
Dans le voisinage de Lucana, la nuit même où
arrivèrent les désordres que nous venons de
mentionner, un volcan se forma tout à coup et
vomit une énorme quantité d'eau qui ravagea
les campagnes environnantes. Et, chose remarquable (attestée par M. de Humboldt, sur des
preuves irrécusables), les eaux lancées par ce
volcan contenaient une multitude de poissons
de la même espèce que ceux qui vivent dans les
lacs du pays. Ce qui donne un caractère encore
plus étrange à ce fait, c'est que ces poissons se
trouvaient dans des eaux qui se déversaient à
une hauteur de six à sept cents mètres au-dessus
de la plaine.

A ce sujet, nous dirons que le volcan d'Em-
babourou en lança une fois en si grand nombre
auprès de la ville d'Ibana, que leur putréfaction occasionna une épidémie. Ces poissons, en
tombant, n'étaient aucunement endommagés
et ne paraissaient pas avoir été soumis à une
haute température.

Le tremblement de terre de 1797, « l'un des
plus terribles événements dont l'histoire phy-

sique de notre globe fasse mention (1), » ébranla
les provinces de Tacungo, d'Ambato, de Riobamba, d'Alaosie, et partie de celles de Chimbo
et de Quito. Ce qui caractérisa surtout la com-
motion qu'éprouva cette vaste étendue de terrain, ce furent, d'une part, les bruits étranges
qui l'accompagnèrent, et, de l'autre, le complet
bouleversement du sol.

On entendit tantôt simultanément, tantôt
successivement, dans les entrailles de la terre,
des bruissements confus, des roulements sac-
cadés comme les éclats de la foudre. On eût dit
parfois un épouvantable cliquetis de chaînes ou
le fracas sonore que produiraient des masses de
roches vitrifiées (2) qui se briseraient en se
heurtant les unes contre les autres.

Près de Riobamba, le sol, en certains endroits, se souleva brusquement, absolument
commme s'il eût été miné : des maisons, des
hommes, des animaux furent lancés en l'air avec
la terre qui les portait. Plusieurs milliers de

---

(1) M. de Humboldt.

(2) Les géologistes donnent à ces roches le nom d'obsi-
diennes. C'est un composé de silicate d'alumine et de soude
ou de potasse.

kilogrammes de poudre, placés à une grande profondeur et faisant explosion, n'eussent pas produit un effet différent.

Le volcan de Macas se fendit par le milieu. Le nombre des montagnes et des collines qui, mises hors d'aplomb par les mouvements du sol, se renversèrent presque tout d'une pièce, fut considérable. La montagne d'Ygulata vomit un fleuve de lave qui couvrit Saint-André, Copalpi et plusieurs bourgades, ainsi que leur territoire. Le mont Lamoya, s'affaissant sur la riche vallée de Saint-Ildephonse, y écrasa plus de mille personnes. Celui de Cuero s'écroula également sur le village de ce nom, et l'anéantit ainsi que tous ses habitants. Enfin celui d'Yatagin, sollicité par le vide immense qui se forma à sa base, et dans lequel le village de Malgro avait disparu avec ses maisons, son église et ses habitants, s'y précipita à son tour et s'y enfonça tout entier. Un lac aux eaux fortement bitumineuses occupe aujourd'hui l'abîme où les débris d'une montagne reposent sur un bourg et une partie de son territoire. La ville de Riobamba eut le même sort que Malgro; ses rues, selon l'expression d'un historien espa-

gnol, devinrent des rivières, et ses places des
abîmes.

Dans quelques maisons situées autour de
Riobamba, il y eut des transpositions de terrain
telles qu'aucun monument historique n'en
atteste. Une ferme placée dans une plaine se
trouva assise sur un coteau élevé. Au milieu des
ruines d'une habitation on découvrit des meubles et des marchandises appartenant à une
maison située à plusieurs centaines de mètres
de distance. Trente à quarante mille personnes,
d'après l'évaluation de M. de Humboldt, périrent dans le désastre de Riobamba.

La lettre suivante, écrite du lieu même quelques jours après l'événement, peut donner une
faible idée de l'affreuse position des survivants :

« Nous voici réunis dans une plaine. Quel
spectacle ! les uns ont perdu un bras, les autres
une jambe ; ceux-ci pleurent leurs enfants, ceux-
là leur père, leur mère, leurs parents, leurs
amis. On n'ose approcher de la ville à cause de
la putréfaction des cadavres. On ne trouve pas
un pain pour un doublon (vingt francs environ) ;
beaucoup de personnes meurent de faim et
d'autres de soif, à cause de la corruption des

eaux. Comme si ce n'était pas assez de toutes ces calamités, des voleurs sont accourus et pillent de tous côtés, sans pitié pour les malheureux qui font entendre leurs cris de dessous les ruines. Enfin les Indiens se sont soulevés; et disent fièrement qu'ils ne paieront plus de tribut. »

———

# INONDATION DE SAINT-PÉTERSBOURG

## (1824)

Le 20 novembre 1824, la capitale de l'empire de toutes les Russies, Saint-Pétersbourg, faillit être entièrement submergée et détruite par un débordement de la Newa.

La ville de Saint-Pétersbourg, située au fond oriental du golfe de Finlande, à l'embouchure de la Newa, occupe un terrain bas et marécageux, traversé par des canaux et par différents bras du fleuve.

La petite élévation du sol de la ville au-dessus du niveau des eaux qui l'environnent rend les inondations fréquentes, surtout au printemps, au moment de la débâcle. Mais jamais Saint-Pétersbourg n'avait encore été exposé à une ruine complète comme il le fut en 1824.

Pendant une tempête épouvantable, qui bouleversa la mer Baltique, ravagea ses côtes et fit périr une multitude de bâtiments de toute espèce, les eaux de la Newa s'élevèrent à une telle hauteur, qu'elles menacèrent la ville d'une submersion totale.

Voici une espèce de journal inédit, tenu par un voyageur anglais qui se trouvait à Saint-Pétersbourg au moment de l'inondation, et occupait un appartement dans la rue de Newski, l'une des plus belles perspectives de la ville. Le flegme imperturbable avec lequel ce tranquille personnage consigne sur son calpin les divers épisodes d'un épouvantable désastre a quelque chose d'étrange qui étonne et saisit tout à la fois.

« 18 novembre. — Toujours du vent d'ouest. — Il paraît que la mer est très-mauvaise dans le golfe. — On parle de trois bâtiments qui se sont perdus corps et biens. — Ce ne sont pas des Anglais.

« 18 au soir. — Je viens de faire un tour sur les quais du fleuve : je n'ai jamais vu la Tamise aussi agitée. Les bateaux amarrés aux quais sont rudement secoués et se heurtent les uns contre les autres. Il y aura beaucoup d'avaries et peut-être pis. Je doute que les ponts de bois puissent eux-mêmes résister.

« 19 novembre. — Pendant toute cette nuit la tempête n'a fait qu'augmenter. Je n'ai pas pu dormir à cause du bruit des rafales. Il faut qu'il y ait du nouveau, car j'ai entendu passer et repasser beaucoup de monde dans la rue. On criait, on courait.

« 19 novembre, huit heures du matin. — John, que je viens d'envoyer à la découverte, m'apprend que la Newa gonfle à vue d'œil. Ce n'est pas une marée ordinaire. L'eau affleure déjà les quais, et les vagues déferlent jusqu'au pied des maisons qui les bordent. Qu'est-ce que cela va devenir?

« J'ai voulu aller voir les progrès de la Newa, mais j'ai été forcé de regagner mon logis, car l'eau commence à couvrir ma rue. — Tous les ponts sont arrachés.

« Depuis que je suis rentré, je n'ai eu que le temps de changer mes vêtements mouillés, et déjà la rue de Newski est une rivière. De ma fenêtre je vois passer des meubles, des tonneaux, des ballots que le courant entraîne: tous les rez-de-chaussée sont inondés. Voilà des chevaux que l'on emmène, ils ont de l'eau jusqu'au poitrail. Il y a une heure qu'on aurait dû les mettre en sûreté.

« L'eau monte toujours. Elle s'élève à plus de dix pieds au-dessus du sol de la rue; que doit-ce être dans les quartiers bas? Cela mérite la peine d'être vu. Il faut que je me procure une chaloupe.

« Neuf heures du soir. — Quelle rude journée ! Je rentre à moitié mort de froid, de faim et de fatigue. Je ne me coucherai pas cependant avant de rédiger mes notes.

« Je ne me faisais pas une idée d'une grande ville envahie par les eaux.

« Je m'embarquai ce matin dans un canot qui passait sous ma fenêtre. Il était conduit par deux mariniers du port, qui me reçurent moyennant quelques pièces de monnaie. Ils croyaient que je voulais me sauver dans les quartiers hauts. J'eus beaucoup de peine à leur faire comprendre que je tenais, au contraire, à voir l'inondation. Quand ils m'eurent enfin compris, ils refusèrent net de me conduire. Mais je leur promis une guinée, cela les décida.

« Je suis resté sur l'eau jusqu'à ce que la Newa fût à peu près rentrée dans son lit. Cette navigation dans les rues et dans les places publiques, au milieu des débris flottants ou fixes de toute espèce, n'a pas été sans quelque péril ; mais on ne peut bien voir des événements de cette nature-là sans s'exposer un peu. Trois ou quatre fois j'ai couru risque de chavirer : une fois entre autres, parce qu'un cheval qui était à la nage essaya d'embarquer dans le canot. Cette sotte bête parvint, en effet, par un élan désespéré, à saisir dans le pli de ses paturons le bordage de la barque. Celle-ci, surchargée par ce poids énorme et si mal placé, pencha tellement fort, que si mes deux Russes, gaillards très-vigoureux, ne fussent pas parvenus, en saisissant chacun une jambe du cheval, à le rejeter dehors, l'embarcation se remplissait et coulait certainement.

« J'eus occasion de repêcher successivement une vingtaine de pauvres diables, les uns à la nage ou accrochés à des pièces de bois en dérive, les autres qui ne s'étaient pas réfugiés sur des points assez élevés et que l'eau menaçait de couvrir. Je me hâtais de m'en débarrasser au premier endroit venu où ils étaient à l'abri de l'inondation.

« Quand les rues ne furent plus navigables par suite de leur encombrement et de l'abaissement des eaux, je suis monté sur le dôme de l'église de Notre-Dame-de-Casan.

« Toutes les campagnes autour de la ville sont dévastées, et à peine reste-t-il çà et là quelques ruines qui attestent seules les places où se trouvaient une maison d'été, un magasin, une fabrique. La plupart sont rasées, et il ne reste plus trace de leurs jardins, de leurs kiosques, de leurs clôtures. Toutes les maisons près de Wassili-Ostrow, et autour de ce qu'on appelle le Port-des-Galères, ont été emportées. Un homme qui paraît bien informé m'a assuré que plus de quatre cents bœufs renfermés dans les étables de la Grande-Boucherie ont été noyés. Cela ne m'a pas étonné, parce que j'ai vu passer beaucoup de cadavres de ces animaux à côté de ma barque. On m'a parlé aussi de grands désastres à la fonderie impériale. Cette calamité a dû coûter la vie à un nombre considérable de personnes; mais on ne pourra savoir cela au juste que dans quelques jours, car beaucoup d'individus que l'on croit noyés se retrouveront.

« 20 novembre. — Je viens de parcourir les quartiers qui ont été inondés. L'aspect des rues converties en torrents était beaucoup moins triste que l'aspect qu'elles offrent aujourd'hui. L'eau cachait ses ravages à mesure qu'elle les exerçait; mais ce matin l'eau, en se retirant, a exposé au grand jour les malheurs qu'elle a causés.

« Toutes les îles formées dans l'intérieur de la ville par les bras de la Newa et par les canaux sont dévastées. La circulation dans la plupart des rues qui ont été submergées est impossible pour les chariots, les chevaux et les bœufs, et très-difficile même pour les piétons. On y rencontre des amas de débris de toute espèce, enchevêtrés les uns dans les autres et couverts de vase : j'ai remarqué un de ces amas dont le noyau s'était formé par une grande barque du haut de la rivière, qui, charriée entre deux eaux, avait été arrêtée par un monceau de pierres à construire et avait barré la rue en venant de travers. Dans cette barque, couchée sur le flanc, on voyait des meubles brisés, des ballots de chanvre, un petit chariot encore attelé de son cheval, un bœuf, et, au milieu d'immondices de toute espèce, quantité de crânes et d'ossements humains enlevés aux cimetières que l'eau avait profondément ravinés.

« L'hôtel de la Bourse, le palais du gouverneur et plusieurs églises ont été mis à la disposition d'une foule de malheureux qui ne savaient plus où se retirer, et on leur distribue des rations comme aux soldats.

« Le déblaiement des rues, commencé ce matin, marche très-vite, parce que les capitaines de police mettent en réquisition et forcent de travailler quiconque n'est pas noble. »

Ces détails, extraits des notes d'un touriste dont la fibre sensible ne vibrait pas facilement, impressionne peut-être plus qu'un récit chaleureux et dramatique, parce que la froide nudité de l'exposé laisse toute carrière à l'imagination.

Le long de ces rues inondées on voit les fenêtres garnies d'une foule haletante, dont les gestes, les cris, les phrases, échangés de balcon à balcon, expriment mille sentiments divers que l'effroi domine. Ce sont des plaintes touchantes,

les cris de la pitié, de la tendresse maternelle,
de la femme qui redemande son mari, du fils
qui appelle son père, du négociant qui ne
songe qu'à ses magasins et à ses marchandises.
Toutes ces voix humaines, mêlées et confondues, ne forment qu'une clameur confuse à
demi couverte par le mugissement des eaux,
roulant hautes et impétueuses dans la rue, et
tombant en cascades dans les rez-de-chaussée à
travers toutes les ouvertures. On voit ce pêle-
mêle de pièces de bois, de barques brisées et
de chariots, de futailles et de meubles; au milieu duquel s'agitent un cheval, un nageur
éperdu qui cherche à s'accrocher à la perche
qu'on lui tend d'une fenêtre!

D'après les évaluations officielles du gouvernement russe, le nombre des victimes de l'i-
nondation fut porté à cinquante personnes;
mais ce chiffre doit rester bien au-dessous de la
vérité, si on le compare à l'étendue des quartiers envahis; à la quantité des édifices emportés, à la rapidité de la crue des eaux (1). Les

(1) M. Huot croit qu'il périt sept à huit mille individus
tant à Saint-Pétersbourg que dans les environs.

pertes matérielles furent incalculables, parce qu'elles frappaient sur des valeurs de toute espèce. On cite, entre autres marchandises avariées ou détruites, sept cent mille kilogrammes de sucre, cinq cent mille kilogrammes de farine, et un million de kilogrammes de chanvre.

Malheureusement la situation de Saint-Pétersbourg est telle, qu'il est à peu près impossible de mettre cette capitale complétement à l'abri de malheurs tels que ceux que nous venons de raconter. En établissant sa nouvelle résidence au milieu d'un terrain plat, marécageux, et à peine élevé de quelques mètres au-dessus du niveau normal des eaux environnantes, Pierre le Grand sacrifia tout aux avantages commerciaux. Il fallait être aussi hardi que ce prince pour choisir un pareil lieu, et être doué d'une volonté et d'une persévérance surhumaines pour vaincre les obstacles que la nature opposait à la réalisation de son gigantesque projet.

# TREMBLEMENT DE TERRE EN CALABRE

## (1783)

Vers la fin du siècle dernier, toute la partie méridionale de la péninsule italique fut profondément ébranlée par des tremblements de terre qui se succédèrent presque sans interruption depuis le 5 février 1783 jusque vers le milieu de l'année 1787.

Le médecin Pignataro, qui demeurait à Monte-Leone, y compta, entre ces deux époques, neuf cent quarante-neuf secousses, dont cinquante excessivement fortes.

Durant cette longue période de quatre ans, les tremblements varièrent d'intensité et de lieu; mais il ne se passa pas un seul jour sans qu'ils se fissent sentir sur un point ou sur un autre du royaume de Naples.

Ce fut surtout le sol de la Calabre ultérieure

qui éprouva les plus rudes commotions. «Tout fut
bouleversé dans ce malheureux pays : des maisons furent soulevées au-dessus du niveau de la
contrée, tandis que d'autres, souvent à peu de
distance, s'enfoncèrent plus ou moins; des édifices de la plus grande solidité furent lézardés
du haut en bas; le sol s'ouvrit de toutes parts...
Mais, outre les fentes nombreuses, les gouffres
divers qui interceptèrent les eaux en fournirent
de nouvelles, leur donnèrent un nouveau cours.
Il arriva aussi que des masses de roches tombant
en travers des vallées en arrêtèrent les eaux, qui
bientôt formèrent des lacs dans la partie supérieure. Or ces eaux accumulées se frayèrent de
nouveaux passages, soit en rompant les flancs de
la vallée sur d'autres points, soit en élargissant
les fissures des montagnes, soit enfin en dégradant l'obstacle qui les avait retenues et le renversant tout ou partie. De là des débâcles épouvantables, des torrents impétueux roulant des
quartiers de roc énormes, dont le ravage devint
aussi désastreux que les commotions elles-mêmes, et qui, se creusant de nouveaux lits,
élargissant ou approfondissant ceux que les eaux
suivaient auparavant, marquèrent leur passage

par des débris qu'ils roulaient et déposaient successivement (1). »

Le pays changea tellement d'aspect que beaucoup de propriétaires ruraux ne retrouvèrent ou ne reconnurent plus leurs domaines, et que d'autres cherchèrent inutilement les routes, les cours d'eau et les accidents de terrain qui servaient de limites à leurs champs.

Parmi les nombreuses crevasses qui s'ouvrirent, quelques-unes avaient jusqu'à cent cinquante mètres de large et s'étendaient à plus d'un kilomètre; d'autres n'étaient que de longues fissures qu'un homme alerte et vigoureux pouvait facilement franchir.

On voyait enfin des places où le sol offrait, sur des proportions comparativement énormes, l'aspect que présente une vitre brisée par une pierre, c'est-à-dire un trou au milieu et une multitude de fissures divergentes partant du trou central.

Ailleurs ce ne furent plus de simples crevasses, mais la couche terrestre se disloqua, pour ainsi dire; des espaces considérables de terrain sem-

(1) Beudant, *Géologie.*

blèrent tomber dans des abîmes, entraînant avec
eux hommes et maisons, et ces affaissements
subits formèrent des gouffres à parois verticales
de quatre-vingts à cent mètres de profondeur.
Quelquefois il en jaillissait instantanément des
torrents d'eau qui se déversaient en dehors,
d'autres fois le fond en restait à sec ou se remplissait seulement jusqu'à une certaine hauteur, de
manière à former un lac. Plusieurs ruisseaux,
rencontrant dans leur cours les crevasses dont
nous parlons plus haut, s'y précipitèrent pour
n'en plus ressortir.

Quelques-uns de ces gouffres se fermèrent
aussi vite qu'ils s'ouvrirent, et, près de la ville
d'Oppido, des maisons, des magasins, des fer-
mes, avec tout ce qu'ils contenaient d'hommes
et d'animaux, furent subitement engloutis dans
un abîme qui se referma sur eux sans laisser
aucune trace de leur existence.

On exécuta à la hâte des fouilles dans cet
endroit, et elles n'amenèrent d'autre résultat
que la découverte d'un affreux mélange de débris de toute espèce entremêlés de chairs et
d'ossements broyés et méconnaissables.

Le terrain sur lequel un faubourg de la ville

de Polistena était bâti glissa tout d'une pièce,
parcourut un espace considérable avec les maisons qu'il supportait, et s'arrêta sur les bords
d'un ravin.

Du reste, ces exemples d'un déplacement
complet de la couche supérieure du sol se re-
produisirent ailleurs. Ainsi, près de Laureano,
un champ cultivé glissa tout à coup avec les
arbres qui y croissaient, et franchit une distance
d'un kilomètre. Ce qui rend ce phénomène encore plus curieux, c'est que le champ en question faisait partie d'une plaine parfaitement
unie. Ce ne fut donc pas une couche de terrain
qui glissa sur une autre couche en vertu de sa
pesanteur; mais elle fut soulevée et transportée
par une force souterraine.

Dans les environs de Sincinara, une planta-
tion d'oliviers, située sur un coteau escarpé,
fut lancée dans la plaine d'une hauteur de cinquante mètres, et, chose étrange, les arbres
souffrirent si peu de ce déplacement, qu'ils donnèrent la même année leur récolte ordinaire.

Grimaldi, qui étudia les effets de ce tremblement de terre, rapporte que sur le territoire de
San-Pitis il observa une crevasse de deux kilo-

mètres de longueur sur soixante-quinze centimètres de large, et profonde de huit mètres.
Il remarqua aussi que les eaux thermales de Sainte-Euphémie acquirent subitement une augmentation de volume et de température.

Enfin le même savant assure que, près de Cerzulle, des individus engloutis dans une crevasse en furent rejetés vivants avec des colonnes d'eau, par l'effet d'une seconde secousse succédant immédiatement à celle qui avait ouvert la crevasse.

Mais l'épisode le plus dramatique peut-être parmi ceux que le fléau multiplia dans la Calabre, ce fut la mort du prince de Scylla et de la plupart de ceux qui l'accompagnaient. Ce prince, déjà vieux, sentant le sol qui vacillait et se fendait sous ses pas, en entendant le bruit des rochers qui s'écroulaient et écrasaient d'un seul coup des habitations, en voyant des arbres dont la cime frappait la terre et dont les longues files disparaissaient subitement dans des crevasses, crut que le pays tout entier allait s'engloutir dans une convulsion suprème. Il se hâta donc de gagner le bord de la mer et s'embaqua sur un navire. Une partie de la population l'imita, et bientôt

une petite flotte, montée par plus de quatorze
cents individus de tout âge, s'éloigna d'un rivage
qu'ils s'attendaient à voir disparaître d'un moment à l'autre.

Pendant plusieurs heures ils n'eurent qu'à
s'applaudir de leur résolution. La mer était bien
soumise à un mouvement inaccoutumé, on
sentait clairement que la masse liquide cher-
chait sans cesse son niveau; mais il y avait
loin de ces balancements, de ces oscillations,
aux brusques et roides secousses qu'on éprou-
vait à terre.

Vers le milieu de la nuit, la flottille se trouva
tout à coup dans le voisinage d'une île qui venait
de sortir du sein des flots. Cette île, ils ne l'en-
trevirent que pendant quelques minutes; car elle
rentra aussitôt dans l'abîme. Mais l'engloutissement subit d'une pareille masse, en dérangeant
l'équilibre des eaux, leur imprima une agitation
indescriptible, et la plupart des navires furent
entraînés avec la rapidité de la foudre dans le
vide laissé par l'île, avec l'eau qui le combla.
Sur quatorze cents personnes, deux cents à
peine échappèrent à ce désastre, unique dans
les annales de la science.

On voyait encore il y a vingt ans, dans certaines parties de la Calabre et notamment dans la plaine de Rosarno, des espèces de bassins circulaires d'une profondeur variable, et qui semblaient l'ouvrage de la main de l'homme par la régularité de leur forme. Presque tous contenaient de l'eau. Dans les uns, cette eau se trouvait presque au niveau du sol; dans les autres, elle s'élevait beaucoup moins haut : ce qui semblerait prouver que même dans la plaine de Rosarno, où ils sont très-rapprochés, il n'existe entre ces bassins aucune communication souterraine.

Mais si ce fut sur le continent, entre les villes d'Oppido et de Soriano, que les convulsions souterraines se firent sentir avec le plus d'énergie, la Sicile, située de l'autre côté du détroit, en ressentit le contre-coup. Plus de la moitié de la ville de Messine fut renversée, et une vingtaine de bourgs furent engloutis. « Le fond de la mer s'abaissa et fut bouleversé en diverses places. Le rivage fut déchiré par des fentes, et tout le long du port de Messine le sol s'inclina vers la mer en s'affaissant subitement de plusieurs décimètres. Tout le promontoire qui en formait l'entrée fut en un instant englouti (1). »

Cette inclinaison ou plutôt cet affaissement du quai de Messine fut de trente-cinq centimètres. A Stephano del Losco, le mouvement parut horizontal et tournoyant; deux obélisques placés vis-à-vis de la façade du couvent de Saint-Bruno en fournissent la preuve : leurs piédestaux n'éprouvèrent aucun dérangement; mais les pierres qu'ils supportaient tournèrent sur elles-mêmes et s'écartèrent de manière à présenter un de leurs angles au lieu d'une de leurs faces.

Le tremblement de terre de la Calabre est un de ceux qui ont été le mieux étudiés et qui ont fourni à la science les plus précieuses observations. Cela se comprend facilement lorsqu'on réfléchit qu'il arriva à une époque où les sciences naturelles comptaient déjà de nombreux interprètes, qu'il dura longtemps et qu'il étendit ses ravages dans un pays situé près du centre des lumières. Tous les phénomènes qui l'accompagnèrent ont été observés et décrits

(1) Beudant, *Géologie.*

par Vicentino, Grimaldi, Hamilton, et par une commission nommée par l'Académie de Naples. Les faits racontés ci-dessus ont donc un caractère d'authenticité et d'exactitude qui manque souvent aux récits des voyageurs racontant des commotions à peu près pareilles, arrivées il y a longtemps et dans des pays peu connus.

# INCENDIE DE SALINS (JURA)

## (1825)

La situation toute particulière de la petite ville de Salins au fond d'une gorge étroite, tortueuse et profondément encaissée, explique, sinon la fréquence, du moins les vastes proportions des incendies qui l'ont ravagée, et sa destruction presque complète par celui de 1825.

Salins, en effet, ne se compose à proprement parler que d'une seule rue, et il ne saurait en être autrement, puisque les maisons qui bordent cette rue touchent pour la plupart aux pentes qui constituent le vallon dans lequel la ville est assise. Ces pentes, légères d'abord, s'escarpent de plus en plus et finissent par former des murailles presque à pic, dont la hauteur varie de cinquante à cent mètres. Le mont Poupet, qui domine Salins, a huit cent cinquante mètres d'élévation.

Souvent des tourbillons de vent d'une impétuosité effroyable s'engouffrent dans la grande
rue de Salins, qui semble alors devenue la
tuyère d'une machine soufflante. On comprend
combien doivent être rapides les progrès d'un
incendie dans une ville ainsi située, et où
le bois joue dans les constructions le principal
rôle.

Tel fut celui du 27 juillet 1825. Il réduisit
en cendre les deux tiers de la ville, si l'on base
ses calculs sur le nombre des maisons brûlées
et sur l'emplacement dénudé; les quatre cinquièmes, si l'on tient compte de l'importance
et de la valeur des édifices détruits.

Une lessive faite dans une chambre dont la
cheminée était lézardée fut la cause première
de la destruction de Salins. Cette cheminée
passait par le toit d'un grenier couvert en *tavillons*, suivant la coutume du Jura. Ces tavillons sont de petites planchettes de bois de
sapin, que l'on dispose comme on arrange
ailleurs les ardoises ou les tuiles. La flamme
atteignit les tavillons à travers les crevasses de
la cheminée, et ils prirent feu comme des allumettes. Alors le vent, qui soufflait avec une

grande force, les emportant tout enflammés sur les maisons voisines, couvertes de la même manière, ce fut bientôt une véritable pluie de feu, et en moins de vingt minutes toutes les toitures de Salins flambaient à la fois.

L'incendie, activé par le vent et par l'excessive sécheresse des matières éminemment combustibles qui lui servaient d'aliment (il n'avait pas plu depuis quarante jours), prit au bout d'une demi-heure de telles proportions, qu'on ne put pas même songer à l'éteindre. L'on dut se borner à diriger tous les efforts vers la conservation de quelques édifices solidement bâtis en pierre et couvert en tuiles, que l'on réussit à sauver. Quant aux maisons qui brûlaient et dont on n'avait presque rien retiré, tant leur embrasement avait été instantané, il n'était pas même possible d'en approcher, à cause de la chaleur.

Le lendemain, à trois heures de l'après-midi, on était maître du feu, c'est-à-dire qu'on avait préservé une partie du faubourg Maurice et du faubourg des Carmes, le tiers des bâtiments des Salines, l'hôpital, l'hôtel de ville et le collége. Cet heureux résultat avait surtout été dû à ce qu'au lieu de perdre un temps précieux à chercher à éteindre les maisons embrasées ou construites en bois, on avait concentré tous les efforts sur les édifices en pierre, qu'on avait isolés en abattant les baraques qui les environnaient.

A la première nouvelle de l'incendie, toutes les villes voisines envoyèrent leurs pompes, leurs pompiers, qu'accompagnèrent des centaines de gens de cœur. On remarqua surtout la belle conduite d'un détachement de soldats partis de Besançon. Ces hommes, après avoir fait quarante-huit kilomètres presque d'une seule traite, ne prirent pas un instant de repos en arrivant à Salins, et se mirent aussitôt à l'œuvre. Ils avaient été prévenus par la garnison du fort Saint-André, à qui l'on doit la conservation de l'hôpital.

Trois frères de la Doctrine chrétienne donnèrent aussi un magnifique exemple de courage et de dévouement. Comme ils habitaient Salins, ils assistèrent au début de l'incendie, et on les vit pénétrer au milieu des maisons embrasées pour en retirer des habitants qui, bloqués dans des cours intérieures et entourés par le feu, ne savaient de quel côté fuir pour échapper à une mort affreuse.

On se fera une idée de la violence du vent, qui ne cessa de souffler, en apprenant que des linges à demi consumés et des papiers furent portés jusqu'à dix kilomètres de Salins, et que l'on trouva près de Bletterans, à quarante kilomètres environ du théâtre de l'incendie, un morceau d'un contrat de mariage passé quelques jours auparavant devant un notaire de Salins, et qui se trouvait parmi les papiers de son étude au moment du désastre.

Nous ne pouvons nous empêcher de copier le fragment suivant d'une lettre écrite le 30 juillet, à neuf heures du matin, par une sœur de Charité attachée au service de l'hôpital de Salins, à son père. Cette lettre, d'une noble et touchante simplicité, peint parfaitement la situation de la ville.

« Soyez tranquille, mon cher père, je ne suis pas brûlée, quoique entourée de flammes. Notre maison (l'hôpital) est la seule conservée au centre de la ville. Je ne puis vous exprimer ce que nous avons éprouvé de craintes et d'alarmes depuis mercredi deux heures... Nous nourrissons, comme nous pouvons, la ville entière, les habitants, les autorités, les soldats, les pompiers.

« J'ai dû prêter une chemise à la femme de notre maire. Notre réfectoire est celui de tout le monde. Nous n'avons plus rien à craindre pour notre maison, seule debout au milieu des ruines qui fument. Nous avons été cernés par le feu pendant plus de deux heures sans qu'on pût nous amener une pompe... Je ne comprends pas que le feu n'ait pas pris à notre hôpital; c'est certainement un miracle... Que seraient devenus nos malades?... »

Les pertes de toute nature qu'éprouva Salins s'élevèrent à plus de huit millions de francs; mais nous sommes heureux de constater que la France entière, émue d'une si terrible calamité, vint au secours des habitants, dont plus de dix mille demeuraient sans asile, sans vêtements, sans meubles, sans outils, sans vivres. De toutes parts on organisa des souscriptions. Le gouvernement, le clergé, la magistrature, les artistes, unis dans une même pensée, rivalisèrent de zèle pour soulager une immense infortune. On multiplia les combinaisons les plus ingénieuses pour forcer même les indifférents dans le dernier retranchement de leur égoïsme. Salins ressortit de ses ruines comme par enchantement, et aujourd'hui cette petite ville est plus belle et plus florissante qu'elle ne l'a jamais été.

# LA TROMBE DE MONVILLE

## (1845)

Le 19 août 1845, à midi trente-cinq minutes, deux violentes rafales s'avançant, l'une
du côté du sud-ouest et l'autre de l'est, parurent se choquer près du Houlme (1). Aussitôt il se forma une trombe semblable à un
cône renversé, qui descendait du ciel. Cette immense colonne, dont la large base se confondait
avec les nuages, et dont le sommet qui rasait le
sol offrait un diamètre apparent de huit à dix
mètres au plus, tournoyait sur elle-même avec
une incalculable rapidité. De son sein jaillis-
saient des éclairs, et elle laissait partout sur
son passage une insupportable odeur sulfu-
reuse qui persista pendant quelque temps.

(1) Hameau à une petite distance de Rouen (Seine-Infé-
rieure).

Le faible diamètre de la trombe explique comment d'énormes arbres qui se trouvaient sur son passage furent, pour ainsi dire, fauchés, tandis que des deux côtés, à quelques pas, des gerbes de blé et des plantes ont été entièrement épargnées. Toutes les personnes qui virent le terrible météore à son début furent unanimes pour déclarer que des nuages, les uns noirs, les autres rougeâtres, se mouvaient dans la trombe, lancés et relancés avec une vitesse prodigieuse. On entendait un roulement analogue à celui qui précède la grêle. Le baromètre baissa tout à coup de sept cent cinquante-six à sept cent quarante millimètres, c'est-à-dire descendit de seize millimètres. La température, de son côté, s'éleva beaucoup. Enfin un courant d'air chaud semblait précéder la trombe, et son ardeur était telle que des ouvriers occupés dans une forge s'en aperçurent.

Le météore courait vers l'est en renversant tout ce qui se présentait devant lui. Il fit une trouée à travers une forêt sans épuiser sa force, coupant ou tordant les arbres et les projetant à droite et à gauche.

La trombe s'engage ainsi dans les riches vallées de Malaunay et de Monville, tombe comme la foudre sur une filature de coton, et emporte comme un fétu de paille tous les bâtiments, où travaillent cent vingt ouvriers. Des maisons d'habitation, situées à côté, ne sont que faiblement endommagées ; car la trombe semble, en quelque sorte, choisir ses victimes. Sa marche, en effet, n'est pas en ligne droite, mais en zigzag, et elle paraît évidemment attirée par les masses de fer constituant les nombreuses machines des fabriques de la vallée.

La seconde filature qu'elle atteint voit son troisième étage coupé avec une horrible précision, enlevé en moins d'une seconde par une espèce d'aspiration et précipité dans la rivière. Les deux autres étages s'affaissent sur eux-mêmes, et il ne reste pas deux mètres de murailles debout.

Pour rencontrer cette seconde filature, la trombe avait couru du nord-est au sud-ouest. Tout à coup elle rebrousse chemin et va écraser une troisième usine sur la tête de cent quatre-vingts personnes ; car, par une triste fatalité, c'était l'heure où le personnel complet des usines était au travail.

Cette dévastation, opérée en moins de deux minutes, avait un caractère étrange. Les décombres, les meubles, les fourrages, les machines, les marchandises étaient tellement confondus avec les arbres déracinés du champ ou du jardin voisin, qu'il était impossible de dire où avait été le bâtiment, où avait été le jardin.

« La destruction est si complète, écrivait un témoin oculaire, que l'imagination ne pourrait se la représenter, et qu'aucune description ne peut en donner une idée. Les trois filatures ont été littéralement réduites en miettes. Une cheminée haute de cinquante mètres a été jetée tout d'une pièce en travers de la rivière. Il ne reste pas deux briques l'une sur l'autre. »

En quittant ces débris, le météore continue sa course furieuse, dévaste les campagnes, renverse en passant la sécherie d'une fabrique d'indiennes, et précipite dans une propriété voisine un ouvrier, sans qu'il sache comment il y a été transporté. On le relève évanoui, mais sans blessures. C'est dans la direction de Clèves que le météore paraît se fondre ou se disperser.

Pour se faire une idée de l'horrible scène dont la vallée fut le théâtre, qu'on se figure quatre cents infortunés saisis sous les débris des bâtiments avant qu'ils eussent eu même le temps de songer à la fuite.

La nouvelle du désastre ne fut pas plutôt arrivée à Rouen, que les autorités et tous les médecins de la ville avec leurs élèves s'empressèrent de se rendre à Monville. Quatre compagnies du 21ᵉ partirent au pas gymnastique, et se joignirent aux habitants de la localité pour fouiller les ruines et en retirer ceux qui respiraient encore.

En peu d'instants les travaux de déblaiement furent organisés, des ambulances établies, et chacun rivalisa de zèle et de dévouement pour offrir aux malheureuses victimes tous les secours dont elles pouvaient avoir besoin. On cite un ingénieur des mines, M. Slaveski, qui resta quarante-huit heures sur les lieux, et qui dirigea en personne les travaux des ouvriers et des soldats, jusqu'à ce qu'il se fût assuré (par les appels faits d'après les registres des établissements) que les décombres ne cachaient plus une seule victime.

Une remarque a été faite, et nous nous
garderons bien de la passer sous silence, c'est
que, tant qu'il y eut quelque espoir de retirer
de dessous les débris des filatures une créature
vivante, personne, même parmi les plus lésés,
ne s'occupa des pertes matérielles : on ne parut
pas même y songer. Qu'était-ce, en effet, que
des dévastations de propriétés, des prairies la-
bourées, des champs bouleversés, des récoltes
détruites, des murs renversés, des toitures
écrasées, des plantations rasées, à côté de la
mort de tant d'ouvriers surpris au milieu de
leurs travaux?

On retira de dessous les décombres soixante-
quinze cadavres et un grand nombre de blessés,
dont une vingtaine moururent les jours suivants
de leurs blessures. Cent soixante-dix autres
guérirent.

Parmi les personnes accourues sur les lieux
à la première nouvelle de la catastrophe, on
remarqua l'ardeur et la constance des frères
des Écoles chrétiennes. Comme ils étaient alors
en vacances, et que leurs devoirs par con-
séquent ne les appelaient pas ailleurs, ils restèrent à Monville et ne prirent aucun repos

pendant trois jours. Toujours à la tête des travailleurs et dans les postes les plus difficiles, on les vit passer des heures entières dans la petite rivière de Cany, où l'une des filatures avait été lancée.

A mesure qu'on découvrait un cadavre, on le portait dans une maison sans s'occuper de constater son identité. Ce ne fut que lorsqu'on eut terminé le déblaiement, qu'on permit au public de pénétrer dans la maison qui avait servi de dépôt, afin de procéder à la reconnaissance et à l'ensevelissement. Une foule éplorée s'y précipita; et, chose horrible, les misérables restes étaient si mutilés, si défigurés, que, sans les lambeaux de vêtements qui tenaient encore aux cadavres, les femmes n'auraient pas reconnu leurs maris, les maris leurs femmes, ni ceux-ci leurs enfants.

Quand on procéda aux fouilles, on trouva au milieu des décombres le propriétaire d'un des établissements détruits, M. Neveu, à genoux et appuyé sur ses poignets. Dans cette position, il formait une espèce de voûte vivante au-dessus de sa mère renversée sous lui. Quoique le poids des débris que soutenait M. Neveu fût énorme, il n'en resta pas moins trois heures dans cette attitude; et telle avait.été sa contraction musculaire, que la réaction qui s'opéra après sa délivrance lui occasionna une privation absolue de toute sensation. Pendant deux heures il ne put articuler un seul mot. Quand il reprit connaissance, ses premières paroles couronnèrent dignement son dévouement filial : « Je suis ruiné, dit-il, mais je ne m'en plains pas : j'ai eu le bonheur de sauver ma mère ! »

On trouva également une petite fille qui s'était blottie entre des balles de coton, qui avaient été elles-mêmes protégées par des poutres. Cette pauvre enfant fut retirée une des dernières, mais sans blessure.

Une autre femme dut la vie à sa présence d'esprit. Elle travaillait au premier étage, et devant une fenêtre. Quand le bâtiment fut entraîné derrière elle, elle se précipita par la croisée et en fut quitte pour une contusion au bras.

Trois jeunes frères étaient occupés dans la même filature. L'un d'eux, travaillant au quatrième étage, fut précipité avec les décombres dans la rivière, d'où on le retira vivant. Ses blessures n'avaient aucune gravité; mais il était fou.

Le second, plus heureux, travaillait au rez-de-chaussée. En entendant le fracas, il s'appuie contre la muraille précisément dans un des deux points où quelques mètres sont restés debout. Le plancher supérieur, en s'écrasant, forme arc-boutant au-dessus de lui et le préserve de toute atteinte. On le dégagea sans qu'il eût éprouvé la plus légère égratignure.

En général, on a remarqué que les victimes ont été beaucoup plus nombreuses parmi les ouvriers occupés au rez-de-chaussée des filatures que parmi ceux qui travaillaient dans les étages supérieurs. Dans un établissement, plusieurs ouvriers du troisième étage ont été lancés avec la toiture dans une prairie située de l'autre côté de la rivière sans éprouver de blessures graves. Ils assurent qu'ils se sont sentis après leur enlèvement comme soutenus en l'air par une force inconnue.

Il nous reste maintenant à dire quelques mots des phénomènes qui accompagnèrent la trombe.

La profonde et subite perturbation qu'elle

causa sur un point de l'atmosphère , prodüisit un vent violent qui souffla dans tous les environs et se fit sentir à une énorme distance. Qu'on juge par ce seul fait de la rapidité et de la puissance du météore. A la Chapelle, près de Dieppe, à une distance de trente-six kilomètres de Monville, un berger a vu tomber une planche d'un mètre quarante centimètres de longueur, sur douze centimètres de largeur et un centimètre d'épaisseur. Des ardoises, du coton , des fragments de vitre , des lattes , étaient, à vingt kilomètres à la ronde , éparpillés sur le sol. C'était une véritable pluie de débris de toute espèce.

Tous les faits observés démontrent que l'électricité jouait un grand rôle dans le météore. Les briques et les pierres des bâtiments écrasés étaient brûlantes. Des planches , du coton et beaucoup d'objets d'une combustion facile, paraissaient comme carbonisés extérieurement. Un certain nombre de broches appartenant aux métiers étaient aimantées. Enfin les cadavres d'un certain nombre de victimes ne présentaient aucune lésion extérieure, et offraient tout l'aspect des individus foudroyés. La lumière qui jaillissait de la trombe n'est point douteuse, et elle a été aperçue même de fort loin. Enfin, une famille qui dînait dans ce moment-là, et qui a vu tout à coup les plats voler au plafond et une poële à frire s'y enfoncer, a été entourée d'une lueur subite, en tout point semblable à un éclair.

Pendant longtemps les physiciens cherchèrent à expliquer la formation des trombes par la rencontre de violents tourbillons de vent soufflant de plusieurs points opposés de l'horizon. Beccaria y vit le premier un phénomène où l'électricité jouait le rôle prépondérant; et de nos jours, M. A. Peltier, dans un ouvrage intitulé : *Observations et Recherches expérimentales sur les causes qui concourent à la formation des trombes*, propose l'explication suivante. Sa théorie est certainement la plus ingénieuse et la plus rationnelle qui ait été émise. En voici le résumé tel que nous le trouvons dans le *Magasin pittoresque*.

« On sait que tous les phénomènes électriques s'expliquent en supposant l'existence de deux fluides : le fluide vitré, qui se manifeste quand on frotte un verre avec une étoffe bien

sèche; le fluide résineux, qui se produit en
frottant de même un morceau de résine ou de
cire à cacheter. Quand ces deux fluides se ré-
unissent en un même corps, ils se neutralisent
réciproquement, et le corps ne donne aucun
signe d'électricité; mais quand ils sont séparés,
ces signes se manifestent. Il est d'observation
que deux corps possédant la même électricité
se repoussent, et s'attirent s'ils possèdent une
électricité contraire.

« Or le globe que nous habitons est presque
constamment chargé d'électricité résineuse,
tandis que la nature de l'électricité des nuages
varie singulièrement. Supposons maintenant
que des nuages soient fortement chargés d'é-
lectricité vitrée : la terre les attirera vers elle;
de là ce cône renversé qui descend des nuages.
Mais en s'abaissant, si ce cône s'approche de la
surface de la mer, il attirera à son tour l'eau
placée au-dessous de lui; celle-ci sera d'abord
agitée, clapotera, se couvrira d'écume; puis,
au moment où le nuage la touchera, elle se sou-
lèvera sous la forme d'une gerbe immense et
s'élancera vers les nues. Quiconque a vu l'action puissante des électricités contraires accu-

mulées dans les corps, ne s'étonnera ni des effets terribles de ces trombes sur terre et sur mer, ni des coups de tonnerre, des éclairs, des globes de feu et des averses qui les accompagnent ou les suivent. Il comprendra que le tourbillon du vent le plus violent ne saurait rendre compte d'une manière satisfaisante de ces puissants effets d'attraction, qui s'expliquent naturellement par les effets bien connus de l'électricité. »

# INONDATION DE LA VALLÉE DE BREGNO

## (1512)

La Bregno ou Bregna est une riche et fertile vallée de la Suisse italienne. Elle est arrosée par une rivière qui lui a donné son nom. Cette rivière descend des montagnes du pays des Grisons, et va se jeter dans le Tessin, auprès de la ville de Bellinzone.

En 1512, un éboulement considérable fut bientôt suivi par la chute d'une montagne, dont les débris formèrent une espèce de digue qui s'étendait en travers de la vallée de Bregno. Ce barrage, d'une hauteur formidable, en fermant cette vallée profondément encaissée, opposa naturellement un obstacle infranchissable aux eaux de la rivière, qui s'accumulèrent dans la partie supérieure et ne tardèrent pas à la transformer en un lac.

Les habitants, au lieu de travailler à ouvrir aux eaux de la Bregno une issue qu'elles n'auraient pas tardé à agrandir, se contentèrent d'abandonner leurs maisons, menacées d'une inondation imminente, ne songèrent qu'à mettre en sûreté leurs personnes, leurs meubles et leurs troupeaux, et se réfugièrent sur les pentes qui encadraient la vallée. De là ils suivirent stoïquement les progrès du lac formé par la Bregno. Celui-ci, sans cesse alimenté et grossi par les eaux de la rivière qui s'y déversait, croissait rapidement en étendue et en profondeur. Ils virent donc disparaître d'abord leurs étables, puis leurs maisons, puis leur église, dont la flèche seule s'éleva au-dessus du lac.

Ce qui paraîtra presque incompréhensible aujourd'hui, c'est que les choses restèrent dans cet état pendant deux années entières. Ni ceux que l'inondation avait ruinés, ni les habitants de la partie de la vallée située au-dessous de la digue, que menaçait une énorme masse d'eau suspendue au-dessus de leurs têtes, n'entreprirent aucuns travaux, les uns pour rentrer en possession de leurs champs, les autres pour conjurer un danger toujours imminent. Les autorités locales, le gouvernement ne s'émurent pas plus que les intéressés directs.

Cette inconcevable apathie, cette funeste sécurité coûta cher aux derniers. Le lac, dont les eaux minaient sourdement, mais sans relâche, les débris de la montagne qui les emprisonnait, démesurément grossi par une crue de la Bregno, exerça enfin une telle pression contre l'obstacle, que malgré la masse de ce dernier il y fit une trouée, et se lança dans la partie inférieure de la vallée avec une violence irrésistible. L'effet de ce volume d'eau, d'une épaisseur moyenne de vingt mètres environ sur cinq cents mètres de superficie, se précipitant comme une avalanche et entrainant avec lui la digue elle-même, n'a rien qui puisse lui être comparé. Non-seulement la partie de la vallée de la Bregno située en aval du lac fut ravagée, mais toutes les vallées inférieures jusqu'au Tessin subirent le même sort. Villages, hameaux, maisons isolées, arbres, bestiaux, habitants, tout fut balayé par le torrent. En plusieurs endroits la terre même fut ravinée jusqu'au roc, qui resta à nu; en sorte qu'à la place de champs fertiles on ne retrouva plus qu'une surface impropre à toute culture.

Le peu de largeur de la vallée et les pentes abordables qui venaient s'y relier à droite et à gauche permirent heureusement à un grand nombre de personnes, averties par le mugissement des eaux, de trouver à temps un abri.

Le nombre des victimes ne s'éleva qu'à six cents individus environ, chiffre peu considérable en le comparant au désastre matériel et à l'étendue du pays ravagé. On remarqua qu'aucune des personnes surprises par les eaux n'échappa à la mort : tout ce que le torrent saisit fut enlevé. Des quartiers de roc semblaient flotter et glisser sur les eaux, tant était grande la force d'impulsion.

Le Tessin lui-même, subitement grossi par ce tribut instantané, renversa une partie des murailles de Bellinzone et causa de grands dégâts dans la ville. Il sortit de son lit d'une manière si soudaine, qu'un détachement de soldats suisses qui côtoyait ses bords en se rendant dans le Milanais, périt tout entier.

# TREMBLEMENTS DE TERRE AU CANADA.

## (1662, 1663)

Le père Charlevoix nous a laissé une relation détaillée des phénomènes météorologiques et géologiques qui se manifestèrent au Canada en 1662-1663 (1). Il nous a paru intéressant de donner ici cette relation, écrite à une époque où la science n'était pas encore parvenue à expliquer ces terribles phénomènes, qui impressionnaient d'autant plus vivement les imaginations que leur cause était à peu près inconnue, et qu'entrevus à travers le verre grossissant de la peur et de l'ignorance, ils prenaient souvent un caractère étrange, fantastique. Quand, en lisant ce récit du père Charlevoix, on arrive au passage où il déclare qu'à sa connais-

(1) *Lettres édifiantes et curieuses.*

sance personne né périt, on se sent involontai-
rement porté à comparer les faits qu'il raconte
avec cette dernière assertion, et l'on ne comprend plus comment d'aussi terribles commotions, comment un pareil bouleversement a pu
ne pas coûter la vie à un seul individu.

« Pendant l'automne de 1662, on vit voler
dans l'air quantité de feux sous différentes
figures, toutes assez bizarres (1). Sur Québec
et sur Montréal il parut, une nuit, un globe de
feu qui jetait un grand éclat, avec cette différence qu'à Montréal il semblait s'être détaché
de la lune, qu'il fut accompagné d'un bruit
semblable à celui d'une volée de coups de canon,
et que, après s'être promené dans l'air l'espace
d'environ trois lieues, il alla se perdre derrière la montagne d'où l'île a pris son nom ; au
lieu qu'à Québec il ne fit que passer et n'eut
rien de particulier.

« Le 7 janvier de l'année suivante, une
vapeur presque imperceptible s'éleva du fleuve,
et, frappée des premiers rayons du soleil,

---

(1) Le père Charlevoix veut probablement parler des
phénomènes magnétiques connus sous le nom d'*aurores
boréales.*

devint presque transparente, de sorte néanmoins qu'elle avait assez de corps pour soutenir
deux parhélies qui parurent aux deux côtés de
cet astre. Ainsi on vit en même temps comme
trois soleils rangés sur une ligne parallèle à
l'horizon, éloignés les uns des autres de quelques toises, et chacun avec son iris, dont les
couleurs variaient à chaque instant, et tantôt
étaient semblables à ceux de l'arc-en-ciel, et
tantôt d'un blanc lumineux, comme s'il y avait
eu derrière un grand feu. Ce spectacle dura
deux heures entières; il recommença le 14,
mais ce soir-là il fut moins éclatant.

« Alors on fut extrêmement surpris de voir
que tous les édifices étaient secoués avec tant
de violence, que les toits touchaient presque
à terre, tantôt d'un côté, tantôt de l'autre; que
les portes s'ouvraient d'elles-mêmes et se refer-
maient avec un grand fracas; que toutes les
cloches sonnaient sans qu'on y touchât; que les
pieux des palissades ne faisaient que sautiller;
que les murs se fendaient; que les planchers
se détachaient et s'écroulaient; que les animaux
poussaient des cris et des hurlements effroyables; que la surface de la terre avait un mou-

vement presque semblable à celui d'une mer
agitée ; que les arbres s'entrelaçaient les uns
dans les autres, et que plusieurs, déracinés,
allaient tomber assez loin.

« On entendit ensuite des bruits de toutes
sortes : tantôt c'était celui d'une mer en fureur
qui franchit ses bornes, tantôt celui que pourrait
faire un grand nombre de carrosses qui roule-
raient sur le pavé, tantôt le même éclat que
feraient des montagnes de rocher et de marbre
qui viendraient à s'ouvrir et à se briser. Une
poussière épaisse, qui s'éleva en même temps,
fut prise pour une fumée et fit craindre un
embrasement universel. Enfin, quelques-uns
s'imaginèrent avoir entendu des cris de sauvages, et se persuadèrent que les Iroquois venaient de toutes parts fondre sur la colonie.

« L'effroi était si grand et si général, que
non-seulement les hommes, mais les animaux
même paraissaient comme frappés de la foudre.
On n'entendait partout que cris et lamenta-
tions. On courait de tous côtés sans savoir où
l'on voulait aller, et quelque part que l'on allât
on rencontrait ce que l'on fuyait. Les campagnes n'offraient que des précipices, et l'on s'at-

tendait à tous moments à en voir ouvrir de nouveaux sous ses pieds. Des montagnes entières se déracinèrent, et allèrent se placer ailleurs. Quelques-unes se trouvèrent au milieu des fleuves, dont elles arrêtèrent le cours; d'autres s'abîmèrent si profondément, qu'on ne voyait pas même la cime des arbres dont elles étaient couvertes.

« Il y eut des arbres qui s'élancèrent en l'air avec autant de roideur que si une mine eût joué sous leurs racines; on en trouva qui s'étaient replantés par la tête. On ne se croyait pas plus en sûreté sur l'eau que sur la terre. Les glaces qui couvraient le fleuve Saint-Laurent et ses affluents se fracassèrent en s'entre-choquant. De gros glaçons furent lancés en l'air, et de l'endroit qu'ils avaient quitté on vit jaillir quantité de sable et de limon. Plusieurs fontaines et petites rivières furent desséchées; en d'autres lieux, les eaux se trouvèrent ensoufrées; il y en eut qui disparurent si complétement, qu'on ne put plus reconnaître le lit où elles avaient coulé.

« Ici les eaux devenaient rouges, là elles paraissaient jaunes; celles du fleuve furent toutes

blanches depuis Québec jusqu'à Tadoussac,
c'est-à-dire l'espace de trente lieues. L'air eut
aussi ses phénomènes. On y voyait *ou l'on s'y
figurait* des spectres et des fantômes de feu
portant en main des flambeaux. Il y paraissait
des flammes qui, prenant toutes sortes de figures, les unes de piques, les autres de lances
et de brandons allumés, tombaient sur les toits
sans y mettre le feu.

« De temps en temps des voix plaintives augmentaient la terreur. Des marsouins et des
vaches marines furent entendus mugir dans
les trois rivières, où jamais aucun de ces animaux n'avait paru; et ces mugissements n'a-
vaient rien de semblable à ceux d'aucun ani-
mal connu.

« En un mot, dans toute l'étendue de trois
cents lieues de l'orient à l'occident, et de plus
de cent cinquante du midi au septentrion, la
terre, les fleuves et les rivages de la mer furent
assez longtemps, mais par intervalles, dans
cette agitation que le prophète-roi nous représente lorsqu'il nous raconte les merveilles
qui accompagnèrent la sortie d'Égypte du peuple
d'Israël. Les effets de ce tremblement de terre

furent variés à l'infini, et jamais peut-être
on n'eut plus de raison de croire que la nature se détruisait et que le monde allait finir.

« La première secousse dura une demi-heure
sans presque discontinuer ; mais au bout d'un
quart d'heure elle avait commencé à se ralen-
tir. Le même jour, sur les huit heures du soir,
il y en eut une aussi violente que la première ;
et dans l'espace d'une demi-heure il y en eut
deux autres. Quelques-uns en comptèrent la
nuit suivante jusquà trente-deux, dont plusieurs furent très-fortes : peut-être que l'horreur de la nuit et le trouble où l'on était les
multiplièrent et les firent paraître plus considérables qu'elles ne l'étaient. Dans les intervalles même des secousses, on était sur terre
comme sur un vaisseau à l'ancre, *ce qui pouvait encore être l'effet d'une imagination effrayée.*
Ce qu'il y a de certain, c'est que beaucoup de
personnes ressentirent ces soulèvements de
cœur et d'estomac et ces tournoiements de tête
que l'on éprouve sur mer lorsque l'on n'est pas
accoutumé à cet élément.

« Le lendemain, vers les trois heures du
matin, il y eut une rude secousse qui dura

longtemps. A Tadoussac il plut de la cendre
pendant six heures; dans un autre endroit, des
Indiens, sortis de leurs cabanes au commencement de ces agitations, et voulant y revenir,
ne trouvèrent plus à la place des huttes qu'une
mare d'eau.

« A moitié chemin de Tadoussac à Québec,
deux montagnes s'aplatirent, et des terres qui
s'en étaient éboulées se forma une pointe qui
avançait d'un demi-quart de lieue dans le
fleuve. Deux Français qui venaient de Gaspe
dans une chaloupe ne s'aperçurent de rien
jusqu'à ce qu'ils fussent arrivés vis-à-vis de
Sagenay : alors, quoiqu'il ne fît pas de vent,
leur chaloupe commença à être aussi agitée
que sur la mer la plus orageuse. Ne compre-
nant point d'où pouvait venir une chose aussi
singulière, ils jetèrent les yeux du côté de la
terre, et ils aperçurent une montagne qui, selon
l'expression du Prophète, bondissait comme un
bélier, puis qui tournoya quelque temps agitée
d'un mouvement de tourbillon, et, s'abaissant
enfin, disparut entièrement. Un navire qui
suivait cette chaloupe ne fut pas moins tour-
menté. Les matelots les plus assurés ne pou-

vàient y rester debout sans se tenir à quelque
chose, comme il arrive dans les plus forts roulis ;
et le capitaine ayant fait jeter une ancre, le
câble cassa.

« Assez près de Québec, un feu d'une bonne
lieue d'étendue parut en plein jour, venant du
nord, traversa le fleuve et alla disparaître sur
l'île d'Orléans. Vis-à-vis du camp Tourmente, il
y eut de si grands torrents d'eau qui s'élançaient du haut des montagnes, que tout ce
qu'ils rencontrèrent fut emporté, et en cet
endroit-là même, et au-dessus de Québec, le
fleuve se détourna : une partie de son lit de-
meura à sec, et ses bords les plus élevés s'affais-
sèrent en quelques endroits jusqu'au niveau de
l'eau, qui resta près de trois mois fort boueuse
et de couleur de soufre.

« La Nouvelle-Angleterre et la Nouvelle-Bel-
gique ne furent guère plus épargnées que le
pays français. Dans toute cette vaste étendue de
terres et de rivières, hors le temps des grandes
secousses, on sentait un mouvement de pouls
intermittent avec des redoublements inégaux
qui commençaient partout à la même heure.
Les secousses étaient tantôt précipitées par élan-

cement, tantôt ce n'était qu'une espèce de ba-
lancement plus ou moins fort; quelquefois elles
étaient fort brusques, d'autres fois elles croissaient par degrés, et aucune ne finissait sans
avoir produit quelque effet sensible. Où l'on
avait vu un rapide, on voyait la rivière couler
tranquillement et sans obstacle; ailleurs c'était
tout le contraire : des rochers étaient venus se
placer au milieu d'une rivière dont le cours
paisible n'était auparavant retardé par aucun
obstacle. Un homme marchant à travers la
campagne voyait tout à coup la terre s'entr'ouvrir devant lui ; il fuyait, et les crevasses semblaient le poursuivre. L'agitation était ordinairement moindre sur les montagnes, mais on
y entendait constamment un affreux tinta-
marre.

« Le merveilleux fut que dans un si étrange
bouleversement, qui dura près de six mois,
personne ne périt. Dieu sans doute voulait la
conversion des pécheurs, non leur perte : aussi
vit-on partout de grandes conversions. Tous
firent des revues générales de leur conscience,
les larmes aux yeux et la componction dans le
cœur. Des pécheurs scandaleux renonçaient pu-

bliquement aux abominations de leur vie passée;
les ennemis se réconcilièrent; et pendant quelque
temps on n'entendit plus parler de l'odieux
trafic, source de tout le mal. »

L'odieux trafic dont le père Charlevoix parle
ici était celui des liqueurs fortes que l'on vendait aux Indiens, et qui servaient en grande
partie à leur payer les fourrures qu'ils appor-
taient.

L'abus que faisaient ces malheureux de ce
qu'ils appelaient l'*eau de feu* était, dès cette
époque, arrivé à un tel point, que le père
Charlevoix prévoyait déjà que la passion immo-
dérée des sauvages pour l'eau-de-vie occasion-
nerait, dans un temps donné, l'extinction de
toutes les races indigènes.

Le sage et judicieux missionnaire ne se trom-
pait pas, et sa prédiction est presque entièrement accomplie.

# ENSEVELISSEMENT DU BOURG DE PLEURS

## (1618)

Dans le comté de Chiavenne, qui en 1618 appartenait aux Grisons et qui fait aujourd'hui partie du royaume lombard-vénitien, se trouvait un gros bourg nommé Pleurs. Il était cité dans tout le comté pour la salubrité de son climat, l'industrie de ses habitants, la coquetterie et la régularité de ses maisons, dont quelques-unes, bâties par de riches marchands, pouvaient passer pour de véritables palais. Beaucoup de gentilshommes milanais avaient pris l'habitude de venir y passer la belle saison, et possédaient à une petite distance du bourg, sur le penchant des collines qui l'entouraient, de charmantes villas, des jardins, des vergers, des ombrages touffus, sous lesquels ils bravaient les chaleurs de l'été.

Pleurs était donc un lieu où les habitants menaient gaiement de front les plaisirs et les affaires. Ils devaient cet avantage à la fertilité de leur sol et à la position de leur bourg, position qui l'avait naturellement rendu l'entrepôt des échanges entre l'Italie et l'Allemagne. Le commerce de la soie était une des principales causes de la richesse et de la prospérité de Pleurs, parce que ces marchands réalisaient sur cet article des bénéfices énormes.

Telle était, le 30 août 1618, la situation du bourg de Pleurs, dont la population fixe et flottante s'élevait à deux mille personnes environ (1).

Depuis plusieurs jours des bergers, en menant paître leurs troupeaux sur les flancs du Conto (haute montagne qui dominait la vallée de Pleurs), avaient remarqué, non sans étonnement, que les bêtes confiées à leur garde paraissaient en proie à une vive inquiétude dès qu'elles approchaient de la partie de la montagne faisant face au bourg, et refusaient d'y

---

(1) Un ancien voyageur, Burdet, dit trois mille; mais il exagère.

paître. Ils avaient également remarqué de larges crevasses nouvellement ouvertes dans le sol, et l'un d'entre eux affirmait avoir senti sous ses pieds une espèce de frémissement dans l'intérieur de la montagne, frémissement qu'il comparait au tassement qui se produit dans un monceau de pierres sur lequel on marche.

Les bergers, en revenant le soir au bourg, racontèrent à qui voulut l'entendre les observations qu'ils avaient faites; mais on n'y attacha aucune importance, et l'on se moqua d'eux.

Enfin, quelques heures seulement avant la catastrophe, « un bourgeois de la ville alla criant par toutes les rues qu'on eût à se retirer, et qu'il avait vu la montagne se fendre. On se moqua de ce qu'il disait, et on le laissa s'éloigner en hâte, sans que personne voulût suivre son exemple (1). »

Le péril, cependant, n'était que trop réel. Un énorme fragment du Conto se détache et écrase un hameau placé au pied de la montagne. Le bruit que produit cet éboulement glace d'épouvante les habitants de Pleurs. Ils

(1) Burdet, déjà cité.

courent, éperdus, les uns d'un côté, les autres
de l'autre, sans savoir où ils vont. Tous ceux
qui passent devant l'église y entrent et crient
miséricorde; mais leur dernière heure allait
sonner. La cime du Conto rentre dans les flancs
de la montagne, ses flancs se crèvent, et toute
la masse, glissant sur sa base, vient tomber sur
le bourg de Pleurs, qu'elle engloutit avec tous
ses habitants.

Un seul fait donnera une idée de l'incalculable puissance dont était animée cette avalanche de terre et de rochers. En roulant vers
Pleurs, elle poussa devant elle non-seulement
une forêt, mais deux collines qu'elle nivela
complétement.

L'ancien emplacement de Pleurs est aujour-
d'hui un étang fangeux. Nulle part on n'aperçoit le moindre vestige qui puisse révéler au
voyageur que le sol qu'il foule sous ses pieds
recèle dans son sein les ruines d'un bourg riche
et industrieux.

Dès que la nouvelle du désastre fut parvenue
à Chiavenne, les autorités du comté se rendirent sur les lieux et ordonnèrent des fouilles.
Elles furent commencées, mais elles ne pro-

duisirent aucun résultat. On dut les abandonner après avoir seulement creusé une espèce
de puits qui, malgré sa grande profondeur, at-
teignait à peine les décombres de Pleurs.

———

# PERTE DU PAQUEBOT L'HERCULANUM

## DANS LA MÉDITERRANÉE

### (25 avril 1854)

Parmi les dangers qui menacent les navires pendant leurs voyages, un des plus redoutables et des plus redoutés est le choc d'un autre bâtiment, choc que les marins désignent sous le nom d'abordage. On a vu des rencontres de ce genre avoir lieu même en plein jour, par suite de la brutalité, de l'entêtement ou de la maladresse de l'officier de quart ou du timonier. Mais, outre que ces cas sont assez rares, ils ont toujours des suites moins funestes que les abordages de nuit ou par une brume épaisse.

Il est difficile, pour les personnes étrangères à la navigation maritime, de se faire une idée de l'incalculable violence avec laquelle un bâtiment d'un fort tonnage, filant douze kilomètres à l'heure, heurte l'obstacle qu'il rencontre. Pour apprécier la puissance d'un pareil choc, il faut en avoir constaté les effets soit sur un môle, soit sur un autre bâtiment. Nous nous rappellerons toujours un navire américain qui, en entrant dans le port du Havre, disjoignit et fit sauter en arrière deux énormes blocs de granit scellés avec des barres de fer et formant la partie supérieure de la jetée : et cependant ce navire n'avait abordé la jetée que de biais, et ne paya sa fausse manœuvre que par des avaries sans gravité.

Depuis que la navigation à vapeur s'est exclusivement emparée du transport des passagers le long des côtes; depuis que l'on construit des paquebots dont les dimensions égalent celles des plus gros navires de commerce ; depuis surtout que, grâce à la force et à la perfection de leurs machines, on leur fait atteindre un sillage de seize kilomètres à l'heure, le danger des abordages s'est singulièrement accru dans les mers très-fréquentées, telles que la Manche et la Méditerranée : aussi, pour les prévenir, les gouvernements ont-ils imposé aux navires à

vapeur l'obligation d'allumer pendant la nuit
quatre fanaux munis de puissants réflecteurs et
de verres colorés. L'un de ces fanaux doit être
suspendu à l'avant du bâtiment, à une hauteur déterminée; deux autres doivent être placés au-dessus des tambours, et le quatrième
doit briller à l'arrière.

Ces feux suffisent certainement pour rendre
toute collision impossible, à moins d'une imprudence impardonnable, tant que la nuit est
sereine; mais chaque fois qu'à son obscurité
vient s'ajouter une brume épaisse, une pluie
fine et serrée, on ne peut, malgré l'intensité
de leur éclat, apercevoir les fanaux qu'à une
faible distance : alors le danger reparaît, et ce
n'est qu'avec la plus grande circonspection que
l'on doit naviguer dans le voisinage des grands
ports, qui sont le point de départ et d'arrivée
d'un nombre considérable de bâtiments à voiles
de toute espèce, de paquebots, de remor-
queurs, etc.

La plus récente des catastrophes produites
par la rencontre de deux paquebots est celle
qui eut lieu, le 25 avril 1854, entre l'*Herculanum* et la *Sicilia*, en travers d'Antibes (Var).

L'*Herculanum*, appartenant.à une compagnie napolitaine, se rendait de Gênes à Marseille. Il se trouvait à environ douze kilomètres au large du littoral français, lorsqu'un passager anglais qui se promenait sur l'avant du navire, où aucun matelot ne veillait en ce moment, aperçoit à une très-petite distance les feux d'un grand bâtiment à vapeur qui paraissait se diriger droit sur l'*Herculanum*. Le passager, effrayé, court à l'arrière et montre au timonier les fanaux auxquels celui-ci ne prenait pas garde. Aussitôt le timonier, agissant sur le gouvernail, essaie d'éviter l'abordage. Mais il est trop tard : l'*Herculanum*, atteint dans le flanc par l'avant du navire courant à contre-bord, est défoncé, rempli et coule en moins de deux minutes.

Durant le court intervalle qui sépare le choc de l'immersion de l'*Herculanum*, le passager, renversé sur le pont par la secousse, se relève et voit le timonier et deux matelots sauter dans le canot suspendu à l'arrière du navire, qui plonge en tournoyant; il s'y précipite à côté d'eux, pendant que ceux-ci se hâtent de détacher les amarres du canot. Ils y réussissent

avant que l'*Herculanum* disparaisse; mais le
navire, en s'engouffrant, déplace une énorme
quantité d'eau; cette eau, en comblant l'abîme,
fait pirouetter le canot, et c'est miracle s'il
n'est pas entraîné par l'espèce d'aspiration que
produit l'*Herculanum* descendant dans les pro-
fondeurs de la mer.

Pendant que l'embarcation, drossée par le
vent, les vagues et le remous, s'éloigne rapidement du lieu du sinistre (ceux qui la montaient n'avaient rien pour la diriger), le navire
abordeur, qui n'a éprouvé qu'un dommage insignifiant, stoppe, met ses quatre canots à la
mer et essaie de recueillir les naufragés, luttant
contre les flots, accrochés à des débris. Onze
passagers et dix-neuf marins, parmi lesquels
se trouvèrent le capitaine de l'*Herculanum* et
son second, sont ainsi arrachés à la mort. Ce
n'est qu'après avoir continué ses recherches
pendant une heure, que la *Sicilia* reprit sa
route.

Ce paquebot, du port de douze cents tonneaux, muni d'une machine à hélice, marchait
à toute vapeur lorsqu'il heurta l'*Herculanum*.
Sa masse et la vitesse dont il était animé expli-

quent suffisamment la promptitude avec laquelle sombra le navire abordé par son travers.

Ce qui rendit le sinistre de l'*Herculanum* plus déplorable, c'est que presque tous les passagers étaient couchés dans leurs cabines, et que bien peu eurent le temps de monter sur le pont. De vingt femmes qui se trouvaient à bord, une seule fut sauvée : c'était une femme de chambre occupée sur le pont à chercher dans un coffre un objet de toilette dont sa maîtresse avait besoin. Trente-six passagers et neuf marins périrent dans cette catastrophe, sur laquelle on n'a d'autres détails que ceux qui sont consignés ici.

Parmi les personnes sauvées, on compte le fils de sir Robert Peel, qui, au lieu de se coucher dans une cabine, avait eu l'idée assez singulière de s'établir dans sa voiture de voyage, placée sur le pont. Cette circonstance le sauva. Précipité dans la mer par la secousse, il se soutint en nageant jusqu'à ce qu'une embarcation de la *Sicilia* pût le recueillir.

L'*Herculanum*, en sombrant, entraîna des familles entières, composées du mari, de la femme, des enfants et des domestiques. Le passager qui s'est sauvé dans le canot, lors de sa déposition devant le consul britannique résidant à Marseille, dit qu'immédiatement après l'abordage, il sortit des flancs de l'*Herculanum* un cri immense, épouvantable, qu'il entendra toute sa vie.

# CATASTROPHE DE NORWALK

## ÉTATS-UNIS

(4 mai 1854)

Voici en quels termes le *Courrier des États-Unis* rend compte d'un épouvantable événement, le dernier de ce genre que nous ayons à enregistrer, et qui forme un lugubre pendant avec la catastrophe du 8 mai 1842, dont la ligne de Paris à Versailles fut le théâtre :

« En général, lorsque survient un de ces immenses et trop fréquents malheurs au prix desquels l'humanité semble condamnée à payer ses plus belles conquêtes, il arrive que les récits inspirés par l'émotion du premier moment dépassent la vérité des faits. Le désastre dont nous avons eu à publier samedi matin le fu-

nèbre sommaire fait tristement exception à
cette règle : les terribles proportions de la réalité n'ont laissé, cette fois, nulle place à l'exagération, et chaque détail recueilli depuis quarante-huit heures n'a fait qu'ajouter un trait
de plus à l'horreur du tableau.

« Il faut avoir entendu le récit des témoins
oculaires, avoir vu par soi-même l'amas de
débris accumulés sur le théâtre de l'accident,
avoir eu le courage d'assister pendant quelques
heures aux scènes de deuil qui ont suivi la
catastrophe, pour la comprendre en quelque
sorte dans son étendue et son caractère réels.

« L'endroit précis où le malheur est arrivé se
trouve à quarante-quatre milles de New-York,
un peu au delà de la station de Norwalk. A ce
point, un pont en partie mobile se trouve jeté
sur la rivière de Norwalk, juste au-dessus de
son embouchure dans le Sound. Quelques
maisons éparses alentour forment un village
irrégulier, qui est désigné dans le pays sous le
nom de South-Norwalk.

« Ce pont a toujours été considéré comme un
des points de la route qui exigent la plus grande
vigilance de la part des conducteurs de convois.

Outre que, par sa position, il est fréquemment appelé à livrer passage à des bâtiments, le chemin de fer y arrive par une courbe fortement prononcée, qui ne permet pas de l'apercevoir à une grande distance. Aussi la compagnie a-t-elle, dès le début, entouré ce passage difficile de toutes les précautions dictées par la prudence. Un écriteau placé à un quart de mille en deçà rappelle aux conducteurs de « faire attention au pont; » en même temps un gros ballon rouge, hissé au sommet d'un mât, leur donne le signal qu'ils peuvent passer; par contre, l'absence de ce ballon indique que la voie n'est pas libre et les avertit de s'arrêter. L'article 6 des instructions spéciales destinées aux conducteurs leur enjoint, en outre, « de n'avancer qu'avec précaution aux abords du pont de Norwalk, de tourner lentement la courbe et de s'arrêter complétement s'ils ne sont pas exactement à l'heure. »

« Or voici comment le mécanicien du convoi de samedi matin s'est conformé à ces instructions.

« Le pont était ouvert et le ballon rouge abaissé depuis près de dix minutes, lorsque le

train a débouché de la courbe à toute vapeur ;
il était déjà bien tard à ce moment, pour ra-
lentir l'impétueux élan de la locomotive ; mais
le peu qu'il y avait à faire n'a pas même été
tenté : en apercevant le péril, mécanicien et
chauffeur se sont précipités à bas, et le convoi
a continué à rouler avec la rapidité de la foudre
vers le gouffre ouvert au-devant de lui. Le
pont a soixante pieds d'ouverture ; eh bien,
telle était l'impulsion donnée à la machine,
qu'elle a franchi tout cet espace dans le vide,
est allée frapper la pile du bord opposé, et n'est
tombée dans la rivière que par le rebondisse-
ment de ce choc terrible.

« Il y avait en ce moment douze pieds d'eau :
la locomotive y a disparu complétement avec
son tender et les voitures de bagages ; la première voiture de voyageurs a été également
submergée d'une façon complète ; puis la seconde est venue s'abattre par-dessus et y a pé-
nétré de la moitié de sa longueur, écrasant tout
ce qui avait pu échapper à la mort par suffo-
cation. A ce point, les ruines amoncelées ont
formé une sorte de digue qui dépassait le
niveau de l'eau, et lorsque la troisième voiture

de voyageurs est arrivée au bord du précipice,
elle s'est heurtée à tous ces débris qui l'avaient
précédée; une moitié seulement s'est brisée,
tandis que l'autre moitié est demeurée sur la
voie; l'abime était comble et n'avait plus de
place pour d'autres victimes!

« L'étendue de la catastrophe n'a eu d'égale
que la rapidité avec laquelle elle s'est accomplie: un gouffre béant, un convoi qui arrive au
bord et s'y engloutit, une immense clameur de
détresse... puis plus rien. Voilà l'effroyable et
saisissante description que nous faisait hier un
des passagers retenus providentiellement au
bord de ce vaste tombeau.

« Pour ceux qui se trouvaient dans le wagon
des fumeurs, ainsi que dans la première et la
seconde voiture de voyageurs, la mort a été
instantanée, laissant à peine à la perception du
péril le temps de se révéler par un cri d'angoisse. Quant aux survivants, ils n'ont pu con-
cevoir une idée réelle de ce qui venait de se
passer que lorsque c'en était déjà fait : la première secousse n'indiquait pas autre chose
qu'un déraillement ordinaire, et les passagers
de la dernière voiture, spécialement, ont mis

pied à terre sans soupçonner quel déchirant spectacle allait se dérouler sous leurs yeux.

« Si de l'ensemble du malheur nous passons aux détails, les épisodes lamentables se pressent sous notre plume. Ici c'est un jeune couple marié de la veille, qui commençait joyeusement son voyage de noces sous les doux rayons de la lune de miel : l'épouse est parmi les victimes ; le mari ne semble avoir échappé que pour perdre à moitié la raison. Là c'est un père qui voit retirée sa fille presque asphyxiée par l'eau: après quatre heures de soins et d'anxiétés, on parvient à la rappeler à la vie, mais c'est pour découvrir que des lésions internes la condamnent infailliblement à une mort sans ressource.

« Puis, dans la salle funèbre où viennent successivement se ranger les cadavres arrachés du milieu des débris, quelle succession de scènes déchirantes ! Tous ces amis, ces frères, ces maris, ces parents qui accourent par chaque convoi, pour reconnaître les restes des êtres si chers qui les avaient quittés le matin, ou pour lesquels ils préparaient les joies du retour ! ces hommes dans la vigueur de l'âge, dont les attitudes diverses révèlent la lutte et l'angoisse suprêmes ; ces femmes, au visage douloureusement contracté ; ces enfants endormis du sommeil de la mort. — Nous ne saurions dire ce qui apparaît de plus terrible ni ce qui serre davantage le cœur : on dirait un assaut d'épouvantes et de désolations.

« A l'heure où nous écrivons, le nombre des corps retrouvés et des personnes qui ont succombé à leurs blessures s'élève à *cinquante-deux.*

« En ajoutant ce chiffre aux cent quarante victimes de l'*Indépendance*, aux vingt-quatre tuées par la collision du chemin de fer central, aux vingt-huit brûlées ou noyées à bord du steamer *Océan-Wave*, cela fait un total de *deux cent cinquante-quatre* existences humaines sacrifiées en quinze jours. »

Le reste de l'article du *Courrier* est consacré à déplorer la multiplicité et la fréquence de pareilles hécatombes humaines, le trop grand laisser-aller des compagnies, l'élasticité des dispositions réglementaires auxquelles elles sont soumises dans l'intérêt public, et la mollesse de la répression quand elles enfreignent leurs statuts. Enfin le rédacteur du *Courrier* appuie de toutes ses forces la proposition qui a surgi au sein de la législature du Connecticut, en vertu de laquelle une amende de dix mille dollars serait infligée par chaque mort d'homme dont une compagnie serait reconnue responsable.

**FIN**

# TABLE

—

TOURS. — IMPR. MAME.